THE AMBIGUITIES OF

EXPERIENCE

经验的疆界

[美]詹姆斯·马奇(James G.March) / 著

丁丹 / 译

人民东方出版传媒
People's Oriental Publishing & Media
东方出版社
The Oriental Press

图字：01-2010-7101 号

THE AMBIGUITIES OF EXPERIENCE by JAMES G. MARCH
Copyright：© This edition arranged with CORNELL UNIVERSITY PRESS
through Big Apple Agency, Inc., Labuan, Malaysia.
Simplified Chinese edition copyright：
2016 People's Oriental Publishing & Media Co., Ltd（Oriental Press）
All rights reserved.

中文简体字版专有权属东方出版社所有

图书在版编目（CIP）数据

经验的疆界／（美）詹姆斯·马奇（James G. March）著；丁丹 译. —北京：东方出版社，2017.1
书名原文：THE AMBIGUITIES OF EXPERIENCE
ISBN 978-7-5060-8910-4

Ⅰ.①经…　Ⅱ.①詹…②丁　Ⅲ.①组织管理学　Ⅳ.①C936

中国版本图书馆 CIP 数据核字（2017）第 007041 号

经验的疆界
（JINGYAN DE JIANGJIE）

作　　　者：[美] 詹姆斯·马奇
译　　　者：丁　丹
责任编辑：吕媛媛
出　　　版：东方出版社
发　　　行：人民东方出版传媒有限公司
地　　　址：北京市东城区朝阳门内大街 166 号
邮　　　编：100010
印　　　刷：北京联兴盛业印刷股份有限公司
版　　　次：2017 年 7 月第 1 版
印　　　次：2023 年 12 月第 6 次印刷
开　　　本：880 毫米×1230 毫米　1/32
印　　　张：6.5
字　　　数：156 千字
书　　　号：ISBN 978-7-5060-8910-4
定　　　价：58.00 元（精装）
发行电话：(010) 85924663　85924644　85924641
版权所有，违者必究
如有印装质量问题，我社负责调换，请拨打电话：(010) 85924602　85924603

目　录

CONTENTS

第1章　追求智慧　// 1

民间智慧既宣扬经验的重要性，又提醒人们经验的不足之处。一方面，民谚把经验说成最好的老师；另一方面，民谚又把经验说成傻瓜的老师，以及那些不能或不愿从书本知识中学习或接受专家指导之人的老师。有关经验的民谚莫衷一是，这说明人类通过从经验中学习来追求智慧存在一些深刻的问题。多年以来，这些问题一直困扰着哲学家和社会科学家。

第2章　通过复制成功而学习　// 19

从原始经验中挖掘启示，要遵循一定的步骤，首先是观察行动与结果有何联系，然后是初步发现存在什么规律。所谓学习，就是在观察行动与结果联系的基础上改变行动或行动规则。如果那些改变是改进，那么学习就促进智慧增长。学习经常而且容易带来改变，但是学习不一定促进智慧增长。体验式学习会出现很多错误。

第3章　通过故事和模型来学习 // 53

组织通过低智适应追求智慧，也通过高智适应追求智慧。高智适应，要求厘清事物的因果关系，并用叙事（自然语言）、模型（符号语言）或者理论阐述出来。高智故事和模型，既是精确理解历史的基础，又是判断学问高低的依据。

第4章　产生新事物 // 95

在适应过程面前，新事物不堪一击。然而，新想法及其带来的变化，还有程序、实务和形式的异质性，是现代组织经验的显著方面。组织往往很难朝预设的方向改变，因此，组织变革家对"变革难"的抱怨无疑是有道理的。然而，组织经常发生变化，变革建议更常被人提出。提议变革的声音恢宏响亮、从未间断。

第 5 章 经验的启示 // 127

组织需要提高理解并适应环境的能力。这样做的策略包括，利用由组织咨询师翻译和推广的管理和组织学术理论描述的各种学习机制，还包括，培养对直接经验做出智慧反应的能力。

前　言

　　本书是根据2008年10月我在康奈尔大学所做的三场"信使讲座（Messenger Lecture）"编写而成的。我非常感谢康奈尔大学，特别感谢讲座主持人维克多·倪（Victor Nee）和丹妮尔·亚当斯（Danielle Adams），他们热情、周到，让我的康奈尔之行非常愉快。那三场讲座，有些资料来自我在哈佛大学、麻省理工学院、加州大学欧文分校的讲话。我非常感谢康奈尔大学出版社的编辑杰米·富勒（Jamie Fuller），还有罗杰·海顿（Roger Haydon）、普琳西拉·赫德（Priscilla Hurdle）和昂热·罗密欧-霍尔（Ange Romeo-Hall），他们帮我准备了出版稿。我还要感谢丹尼尔·纽瓦克（Daniel Newark），他帮我做了索引。

　　本书集中关注一个简单问题的几个小方面，这个问题就是：经验在智慧寻求中起着什么作用，或者应该起什么作用，特别是在组织里。本书旨在为这个问题提供部分答案：抽样介绍具有代表性的观点，而不是全面介绍所有观点；是对这些观点的粗浅思考，而不是深入探讨。本书篇幅不多，引用之处却很多（本人才薄智浅），其中有很多是引用自己的文章（本人还相当自恋）。

本书的观点，很多是从 7 位才华横溢的同事兼朋友那里借鉴而来的，尽管可能有所曲解。因此，不管本书为我赢得什么荣耀、招致什么谴责，有一部分应该属于他们。他们是：米·奥吉尔（Mie Augier），他融会贯通了舒茨（Schutz）、昆德拉（Kundera）、普拉斯（Plath）、尼采（Nietzsche）和多西（Dosi）的思想，在这一过程中体现出的探究热情和质疑精神，令我钦佩；芭芭拉·查米阿乌斯卡（Barbara Czamiawska），多年以来，她给我讲授故事、叙事和组织理论，不厌其烦、尽心尽力；杰克尔·邓雷耳（Jerker Denrell），他与我讨论内源抽样、学习，还与我讨论随机过程造成的意外结果；丹尼尔·莱温特（Daniel Levinthal），他就组织学习问题与我交流合作多年；约翰·P.奥尔森（Johan P. Olsen），他睿智、重友谊、治学严谨，对我做的一切研究，特别是本书所涉及主题方面的研究，他都提过意见和建议，让我获益匪浅；威廉·H.斯塔巴克（William H. Starbuck），他在组织学习这个主题上的研究年头几乎和我一样多，贡献颇大、理解颇深；西德尼·温特（Sidney Winter），他习惯把问题思考透彻后才写成文章发表，因此不写则已，一写就是大作。还有很多人对本书做出了贡献，我在此就不一一致谢了。我曾经那样做过，结果光致谢就写了好几页纸。

前　言

斯宾塞基金（Spencer Foundation）、里德基金（Reed Foundation）、斯坦福商学院（Stanford Graduate School of Business）、斯坦福教育学院（Stanford University School of Business）和哥本哈根商学院（Copenhagen School of Business）为我提供了充裕的研究资金以及其他方面的支持，我非常感谢他们的资助，也非常欣赏他们对自由探究精神的倡导。

最后，我要对我的妻子珍妮（Jayne）致以诚挚的谢意。她优雅，并在优雅中隐藏着一种罕见的善良。60 多年来，她一直陪伴着我，对我无限包容，我无法用语言表达对她的感激之情。

詹姆斯·马奇

斯坦福大学，2009 年 12 月

第 1 章

追求智慧

组织追求智慧。智慧追求，目标远大，永无止境，过程艰难曲折。然而，智慧追求往往令人振奋。智慧追求具有升华作用，让世俗的生活充满诗意，让平凡的日子充满乐趣。本书探讨智慧追求的一个方面：从生活经验当中挖掘启示。组织和组织中的个人试图通过反思经验并做出反应来获得进步。

民间智慧既宣扬经验的重要性，又提醒人们经验的不足之处。一方面，民谚把经验说成最好的老师；另一方面，民谚又把经验说成傻瓜的老师，以及那些不能或不愿从书本知识中学习或接受专家指导之人的老师。有关经验的民谚莫衷一是，这说明人类通过从经验中学习来追求智慧这一做法存在一

总结栏

3

些深刻的问题。多年以来，这些问题一直困扰着哲学家和社会科学家。

尽管很多组织热衷于从经验中学习，但是初步证据显示从经验中学习并不一定带来改进。诚然，与一个世纪以前的组织相比，当代组织在实务、流程和形式方面有了很大的变化。根据大多数生产率指标来判断，当代的组织比以前的组织效率更高。与此同时，经验往往是模糊的，其中待做的推断是不清楚的；体验式学习对组织长期改进的贡献很难确定。因为历史是模糊的，所以经验与信念、与行动的匹配既复杂又容易出错（March and Olsen 1975；1995，第6章）。

组织在适应环境的过程中会遭受失败（表面上的失败，不一定是真正的失败），这样的案例比比皆是、有据可考。组织研究有个十分常见的主题：为什么给某公司带来成功的做法被搬到其他公司后并不一定带来成功？战场之中，扑朔迷离之事时有发生，类似的，组织之中，"事后诸葛亮"现象屡见不鲜。美国的钢铁业和汽车业在20世纪上半叶非常成功，下半叶却逐渐衰败。公立学校制度，以前是美国人的骄傲，让其他国家羡慕，现在却让美国人觉得尴尬。进入 21 世纪，美国开始丧失霸主地位，但是美国的政治制度很难随之做出调整。

本书承认从经验中学习具有威力，也承认很多组织和个人根据经验适应环境、建构历史故事和模型，不过本书打算专门考察从经验中学习存在哪些问题。本书的论点是，个人和组织尽管渴望从经验中获取智慧，但是在这种渴望之下从经验当中做出的推断往往具有误导性。问题部分在于人类在做推断的过程中容易出现错误（这些错误一般是可以纠正的），但是更多在于经验自身的性质（March 2008，第 5 章）。结果，与大多数探讨体验式学习的书和文章不同，本书不是那么看好体验式学习的潜力（Kolb 1984；Sternberg and Wagner 1986；Kayes 2002）。本书打算指出经验特有的一些模糊性和体验式学习容易出现的一些错误。

笔记栏

总结栏

5

笔记栏

绪论

　　本书抽样介绍的各种观点可以归到三大不同学派。第一个是组织学派，专门借鉴经济学、心理学、管理学、社会学、政治学、公共行政管理学和人工智能学。这个学派的学者，大多是笛卡儿信徒，崇尚科学，擅长分析。他们强调用正式方法分析数据、检验假设、考验模型、证明定理。他们喜欢一板一眼地演绎，追求简练但推广性强的理论，从他们对博弈理论、认知协调理论、结构均衡理论、吸收能力理论、垃圾桶理论之类东西的痴迷中可见一斑。他们的风格是，分析离散变量之间相对简单的关系。他们主要从社会和行为科学中的成规定见的角度说话。他们认为，历史是蹒跚着进步的，知识和智慧随着历史的发展而增长。

　　第二个是叙事学派。这个学派偏人文主义，专门借鉴文学、评论、史学、人类学、语言学、法学研究和宗教。这个学派的学者强调语言、暗喻、阐述意义。他们当中有很多人就像效仿中世纪宫廷小丑抨击权威

总结栏

人士、捍卫下层人民尊严的达理奥·福（Dario Fo）一样，把自己放在成规定见的对立面。他们喜欢天马行空地揣测，经常像弗洛伊德或者福科（Foucault）那样以偏概全，但是也喜欢对人类状况刨根问底。他们的风格是，琢磨语言的细微之处，从中挖掘意义。他们一般避而不谈智慧增长，而是宣扬智慧与历史相互嵌套的理念以及社会建构和文化意识等概念。

　　第三个是适应学派。这一学派理论性很强，只是偶尔做做实证研究。它强调有机体、物种、技术、组织、行业和社会的适应机制的性质。它大量借鉴进化生物学和心理学有关人类学习的观点。它试图通过明确适应的具体过程并探索有着多个适应体的复杂生态圈的适应结果来加深理解。它特别关注适应能否带来改进甚至最佳（在某个有意义的层面上的改进甚至最佳）。他们一般认为历史有很强的路径依赖性、具有多重均衡，而智慧可以非随机地增长。

　　本书多而不全地借鉴所有这三个学派，集中关注一个相对较窄的话题：在什么条件下，组织可以通过

总结栏

从经验中学习增长智慧；组织如何通过从经验中学习增长智慧？从经验中学习，有什么潜力、什么问题？本书探讨这些问题，但不大可能解决这些问题。本书篇幅小，具有篇幅小的读物的一切局限和缺陷。

在各种局限和缺陷中，尤其需要提到的一个是，在探讨影响组织体验式学习的各种因素时，本书把严格意义的组织因素置于经验的模糊性、适应的结构性和人类适应的智慧性之下。本书会不时提到组织因素，但并不打算深入探讨组织因素。这种做法只是权宜之举，并不表明组织因素不重要。经验如何展开、人们如何观察并理解经验和组织有关。组织定义信息流动网络，增加或减少冲突点。组织根据抱负设立目标、形成期望，围绕目标和期望而行动。组织是由既抵制又记录经验启示的规则、程序、能力和身份构成的系统。这样的因素不容忽略，除非是权宜之举；忽略这样的因素存在风险，即使是权宜之举。

另外，组织适应有三大关键特征对透彻理解至关重要，但是本书没有考虑这三大关键特征。第一，组织内部存在利益冲突（March 1988，第5章；Hoffman 1999；Rao，Morrill，and Zald 2000）。这一点，让忽略利益冲突的组织适应理论出了名地不完善，特别是，让成败判定、信息汇集变得非常复杂（Cyert and March 1963；Augier and March 2001）。利益冲突是所有组织的显著特征，不仅影响对智慧的追求，而且影响对智慧的定义（Greenwood，Suddaby，and Hinings 2002；Olsen 2009）。

第二，组织适应涉及数个嵌套水平的同步交互适应（March 1994，第2，6章；Friedland and Alford 1991）。组织群在演化，与此同时，组织群内部的个体组织也在演化；组织在演化，与此同时，组织内部的个人也在演化。这些嵌套适应系统相互影响，一个水平的适应有时会替代另外一个水平的适应，有时会干扰另外一个水平的适应。

第三，在某种程度上，组织的环境是由其他组织构成的，因此，组织适应的一个基本特点是多个组织同步调整、共同演化（Hannan and Freeman 1989；

笔记栏

总结栏

9

Kauffman and Johnsen 1992；Levinthal and Myatt 1994）。大部分有关组织学习的研究都把环境看成外源的，本书也打算这么做，这么做是一种明显的简化。

智慧的两个要素

智慧一般包括两个相互联系但有所不同的要素。第一个是，有效地适应环境。为了有效地适应，组织必须拥有资源、有能力利用资源、了解所在的世界、运气好、决策好。组织一般会面临资源竞争和未来的不确定性。决定组织命运的因素，很多（但可能并非全部）不由组织掌控。组织群和个体组织能够生存下来，应该部分是因为拥有适应智慧。生存绝对是没有保证的事情。尽管少数组织存活了数个世纪，其中最著名的是罗马天主教会（Roman Catholic Church）和欧洲的几所老牌大学，但是绝大多数组织只能存活相对较短的时间。从那个标准来看，并非所有的组织都拥有适应智慧，甚至是并非一般的组织都拥有适应智慧。

　　第二个要素是，优雅地诠释经验。这样的诠释，既包含历史理论又包含意义哲学，但是为了理解日常存在的琐碎细节，又要超越历史理论和意义哲学之类的东西。人类渴望理解经验，这一渴望渗透在大部分的学术研究中，还渗透在大部分的生活中。诠释经验是闲聊的点缀品，也是有关心理体系、经济体系、政治体系、文化体系或社会体系的理论的点缀品。对个人和机构而言，对经验做出时髦的诠释，地位和排名就会得到保障。诠释装饰着人类存在。诠释是重要的，这种重要性与诠释是否有助于有效行动并没关系。巴黎矿院（Ecole des Mines de Paris）前任校长雷蒙德·费斯彻赛尔（Raymond Fischesser）把智慧定义为"有效地关注重要之事（la preoccupation efficace de l'essentiel）"（Riveline 2008，7）。这样的智慧，因为反思、理解并欣赏生活而伟大，并不仅仅因为掌控生活而伟大。

笔记栏

总结栏

体验式学习

追求智慧的手段，反映着人们的认识能力。在某些不太遥远的时空，追求智慧指广泛地使用魔法巫术，以及先知或其他通灵人士的预言或偈语。在古中国、古埃及、古希腊、古罗马，稳重的企业管理者都不会不做占卜就面对生活的不确定性。

现代社会中，尽管还有很多人为求心安进行占卜（Eisenstadt 2006），但是越来越多的人开始运用知识预测未来。就这个方面而言，在现代人的头脑中，没有什么理念像"人类通过体验式学习来掌控生活"那样神圣不可侵犯。为了改变命运，个人和组织试着从经验中学习，有时使用比较基础的方式——简单地复制与成功相连的行动，有时使用比较高级的方式——理清因果关系。个人和组织推崇经验、寻求经验、诠释经验。

当然，从经验中学习并不是人类学习的唯一机制。确实，个人和组织所拥有的知识，大部分不是从日常生活或工作中获取的，而是首先经由专家的系统观察和分析，然后经由权威（例如，书本、网络、老师）的传播，之后经由或直接或间接的实践验证而来的。从广泛意义上说，这些知识可以归为学术知识而不是经验知识（March 2004）。

　　然而，当代组织文献仍然认为体验式学习是人类适应环境的一种比较重要的方式，是人类提高行动与环境匹配度的一种比较重要的机制（Argyris and Schon 1978；Levit and March 1988；Huber 1991；Payne，Bettman，and Johnson 1993；Cohen and Sproull 1996；Argote 1999；Nooteboom 2000；Starbuck and Hedberg 2001；Greve 2003）。令人羡慕的组织被描述成"学习型组织"，促进组织学习的顾问比比皆是（Argyris and Schon 1978；Senge 1990）；最近的组织改进建议经常强调从经验中学习（Senge 1990；Olsen and Peters 1996；Dierkes et al. 2001；Zollo and Winter 2002）。

　　有的学者认为，从经验中学习与理性行动理论（Arrow 1972；Coleman 1990；Milgrom and Robert 1992）

笔记栏

总结栏

13

笔记栏

有关，从博弈理论（von Neumann and Morgenstem 1944；Luce and Raiffa 1957；Kreps 1990b）和决策理论（Raiffa 1968；Machina 1987；Anand 1993；Augier and March 2002）中可见一斑。有的学者则认为，从经验中学习与规则遵循行动理论（March and Olsen 1989，第2章；March 1994，第2章）有关，从个人身份和机构身份、社会角色等概念中可见一斑。理性行动理论认为，智慧行动的基础是遵循结果逻辑（March and Olsen 1989，第1章；March 1994，第1章），规则遵循行动理论关注规则、身份和角色（Scott and Meyer 1983；Ashforth and Mael 1989；North 1990；Becker 2004；Brandstatter, Gigernzer, and Hertwig 2006），认为智慧行动的基础是遵循适当逻辑（Gunther 1993；March and Olsen 2006b）。这两派学者都认为体验式学习是人类智慧的要素。理性行动理论认为，组织通过总结过去来预测未来（Gavetti and Levinthal 2000；Zollo and Winter 2002；Gibbons and Roberts 2008）。规则遵循行动理论认为，组织把经验编码成规则（Alchian 1950；Nelson

总结栏

and Winter 1982；March，Schulz，and Zhou 2000；
Akerlof and Kranton 2005；March and Olsen 2006a）。

笔记栏

这样，人们投入大量精力寻找促进组织从经验中
学习的方法。他们开发出复杂的估计工具、建模工具
和战略规划工具，帮助商业公司进行营销、财务、生
产和人事方面的决策制定，帮助政府机构提高社会服
务的效能和效率。他们设计出复杂的问责制度，帮助
各种利益相关者控制组织。庞大的咨询行业形成了，
传播最佳实务和优秀理论。现代大学纷纷设立管理学
院，为私营领域和公共领域培养管理人才。管理教育
提供"最佳实务"菜单，以及成套的理论（包括营销
理论、政治理论、运营理论和公司理论，等等）。

为了提高与环境的匹配度，组织经常对实务、流
程和形式进行变革。诚然，还有另外一种更为简单的
方式提高与环境的匹配度——改变环境，各行各业的
领头者经常使用这一方式。从这个角度来看，适应是
弱者的事情，强者制定游戏规则，让别人适应自己。
在一定程度上，历史上的伟大国家（古罗马、古中国、

总结栏

奥斯曼、西班牙、大不列颠、苏联、美国）之所以繁荣昌盛，都是因为强迫环境适应自己，而不是浪费精力努力适应环境。对于伟大的企业帝国（美国钢铁、通用汽车、壳牌、联合利华、索尼、IBM、微软）而言，情况也是如此。人类亦然。正如所有例子表明的那样，长远来看，通过改变环境来提高与环境的匹配度会带来一个不良后果——适应能力的衰退（强者也有必须适应环境的时候）。霸主地位如果丧失了，适应能力就会加速衰退。

人们在寻找促进组织从经验中学习的方法的同时，还在进行大量的实证研究和理论研究，希望形成一套理论，描述现实中的组织是如何适应环境的。这方面的工作直接指向理解组织群和个体组织是如何在适应压力之下随着时间而改变的（不一定是有意地改变）（Aldrich 1979；Cohen and Sproull 1996；Nooteboom 2000；Dierkes et al. 2001；Greve 2003；Aldrich and Ruef 2006；Dosi and Marengo 2007）。在这个方面，组织生态学研究做出了重要贡献（Hannan and Freeman 1989；

总结栏

Caroll and Hannan 2000）。

　　以上简要介绍了组织学习的研究历史，目的是为后面章节的讨论打下背景基础。后面的章节将探讨从经验中学习的各种问题，这些问题，有些反映了人类那些著名的信息加工习惯，例如，固守成见、简化因果、寻求确定、妄自尊大。人类行为的那些特性是重要的，但是本书主要关注的是另外一组问题，这组问题反映的是经验和学习的交互作用。正如以下章节将要论证的那样，这组问题主要不在学习者而在经验本身。

笔记栏

总结栏

第 2 章

通过复制成功而学习

经验的疆界

笔记栏

　　从原始经验中挖掘启示，要遵循一定的步骤，首先是观察行动与结果有何联系，然后是初步发现存在什么规律。所谓学习，就是在观察行动与结果联系的基础上改变行动或行动规则。如果那些改变是改进，那么学习就促进智慧增长。学习经常而且容易带来改变，但是学习不一定促进智慧增长。体验式学习会出现很多错误。

智慧适应的两种模式

　　从经验中获取智慧的模式可以分为两种，这两种模式反映了两种不同过程，而且各有各的问题。所以，

总结栏

只要认识到实际的学习是两种模式兼而有之，这样的区分就是有用的（Zollo and Winter 2002；Winter, Gattani, and Dorsch 2007；Starbuck, Barnett, and Baumard 2008；Winter 2009）。第一种模式，可以称作"低智（low-intellect）"学习，是指在不求理解因果结构的情况下复制与成功相连的行动。第二种模式，可以称作"高智（high-intellect）"学习，是指努力理解因果结构并用其指导以后的行动。斯塔巴克（Starbuck）、巴奈特（Barnett）和鲍马尔得（Baumard 2008）区分"非认知（non-cognitive）"学习和"认知（cognitive）"学习，古尔（Gul）和派森多佛（Pesendorfer 2008）、卡梅瑞（Camerer 2008）区分"无心（mindless）"经济学和"正念（mindful）"经济学，与这样的区分有异曲同工之妙。低智学习和高智学习没有优劣之分，各有可取处，各有局限性。

低智学习，基础是复制成功，在人类和其他物种当中都很常见。低智学习经常产生规则和有效得惊人的启发式行为（Hutchinson and Gigerenzer 2005）。另一方面，高智学习，似乎在其他物种当中不如在人类当中常见。只有人类才会"做学问"：观察历史经验，理解深层因果结构，形成知识，加以记录，进行传播。做学问必须具备书面语言和符号操纵工具，这两样不仅是人类特有的，而且出现在人类当中的历史并不长，只有几千年。

复制成功

复制成功的基本观点蕴含在组织研究的一组熟悉观点之中。研究者经常认为，组织比较绩效与目标，如果绩效落后于目标，就启动搜寻，寻求改变（Cyert and March 1963；Greve 2003；Baum and Dahlin 2007）。因此，组织更可能复制与成功相连的行动而非与失败相连的行动。

复制成功雅在简单，其过程可以用三句话说清楚：

（1）从所有可选行动中选择一个付诸实施；

（2）记录结果，评定成败；

（3）复制与成功相连的行动，回避与失败相连的行动。

同与好结果相连的实务、形式和规则相比，与好结果相连的实务、形式和规则存活时间更长、繁衍机会更多。

应该指出的一点是，把复制成功说成低智的（或非认知的），具有潜在的误导性。这种说法忽略了适应过程的认知复杂性。例如，在经典的二选一学习任务中，学习者在两个相互排斥、相互竞争的选项中反复选择多次。如果总是对其中一个选项进行奖励，那么学习者一般就学会了选择那个选项。然而，连简单如 T 形迷宫那样的情境，也无法在认知上明确地定义选项。例如，这两个选项是"向左"或"向右"，还是"跟上次一样"或"跟上次相反"？描述二选一学习情境的经典 Bush-Mosteller-Estes 模型（Bush and Mosteller, 1955）预言，如果时而奖励这个选项、时而奖励那个选项，那么学习情况就会因选项认知定义的不同而大相径庭（Lave and March，1975）。

在讨论到把规律推广到相似情境这一话题时，复制成功的智慧（认知）成分变得更加明显（Winter 2009）。在实验室条件下，可以对"相似性"进行相对客观的定义，但是，在现实世界中，"相似性"是一个相当模糊的概念。下面的讨论，大都忽略诸如此类的问题。

复制成功的范式情境是，在数个选项中反复选择多次。选项可以是行动、战略、产品、技术、地点、合作伙伴等等，其数目可以是两个或两个以上，各选项相互排斥、相互竞争。每次选择一个选项，体验一个结果。以后的选择青睐与较好结果相连的选项，轻视与较差结果相连的选项。通过复制成功而形成的能力具有情境特殊性，也许可以推广到在某种意义上与原始情境类似的新情境，而且，这种能力是知其然而不知其所以然。

复制成功之所以有吸引力，原因有很多。它能抓住事物的本质，尽管并不一定能表达出来。它是一个

笔记栏

总结栏

民主的工具，强者能用，弱者也能用。它是一个实用的工具，处理的多是日常生活中的实际问题而非抽象的理论问题。它是一个量身定做的工具，在什么情境下应用，就在什么情境下开发。它是一个颇具震撼力的工具，用这个工具学习，直接体验成与败，无法不投入。

三种机制

复制成功的方式有很多，这里将专门具体讨论三种经典机制。这三种机制在很多方面是不同的，但在结构上具有一些明显的共同点。

第一种机制是试误（trial-and-error）。所谓试误，就是亲自摸索、不断尝试，观察结果，复制与成功相连的行动，回避与失败相连的行动。试误的范式情境包含一组选项和一个学习规则，每个选项有一个结果分布，学习规则描述的是如何根据过去的结果修改未来的行动。研究试误的文献有两大块。第一块是运筹学中所谓的"老虎机问题（bandit problem）"研究

（Gittins 1989）。在老虎机问题中，各选项的结果分布是未知的，学习者可以通过选择某个选项并付诸实施来了解这个选项。老虎机问题研究的常见目标是找出处理这一问题的最佳策略，或者，至少是比其他已知策略都好的策略。关键的策略问题是，是选择表面上的最佳选项（根据历次经验）还是抽取几个选项进行尝试以收集更多的信息。老虎机问题研究表明，一般而言，最佳策略取决于时间范围。时间范围越长，抽取未知选项或表面上的差选项进行尝试以收集更多信息的策略越好。

　　第二块文献是教育心理学中的 T 形迷宫强化学习研究（Mowrer and Klein 2001；Lovie 2005）。这些研究的目标是，理解简单选择情境下人类和动物在各种奖励条件下的学习情况。T 形迷宫强化学习研究表明，一般而言，随着经验的增长，学习者的绩效会改进，但是，在有些情境下，学习者做出的选择，并不符合表面上的最佳策略。例如，假设有两个选项，学习者不知道两个选项的结果分布，只知道选项 1 获得奖励的

笔记栏

总结栏

27

可能性大于选项 2。很多人做过这种实验，企图证实或证伪有关人类行为的期望效用假设，或者企图指出期望效用假设成立的具体条件。例如，如果每次尝试不管选择哪个选项都能知道每个选项的结果，那么希望最大化期望效用的学习者采取的策略就是总是选择比较经常获得奖励的那个选项。但是，并非所有的实验都观察到这个现象。

复制成功的第二种机制是模仿（imitation）。所谓模仿，就是观察其他行动者的经验，其他行动者采取什么行动获得了成功，那就采取什么行动，其他行动者采取什么行动遭受了失败，那就回避什么行动。组织文献中所说的"创新（innovation）"（Mansfield 1961；Mahajan and Wind 1986），大多都是通过模仿复制成功。很多组织创新与变革研究考察了属性和流程在组织群的传播方式（Reinganum 1989；Haunschild and Miner 1997）。有关模仿的实证研究是比较复杂的，因为在异质群体中，效仿别人采用某个实务、产品或形式，独立自主采用某个实务、产品或形式，两者的效应是很

总结栏

难区分开来的（Gray 1973；Volden，Ting，and Carpenter 2008）。然而，有一点似乎毫无疑问，那就是复制成功往往涉及模仿（Holden 1986；Conell and Cohn 1995）。

"事物在组织之间传播"的观点，在有关时尚的讨论中（Abrahamson 1991；Newell，Swan，and Kautz 2001；Kieser 2002），在有关制度化的讨论中（Zucker 1987；Bergevam，Mellemvik，and Olsen 1998；Scott 2003；Greenwood and Suddaby 2006），经常可以看到。模仿研究强调行动者是如何复制其他行动者的成功行动的（Miller and Dollard 1941；Nehaniv and Dautenhahn 2007），还强调联系网络是如何影响想法、信念、程序或行动在群体内的传播的（Podolny，Stuart，and Hannan 1996；Powell，Koput，and Smith-Doerr，1996；Uzzi 1996）。

有关通过模仿复制成功的研究，借鉴了流行病传播学的一套假定（Bartholomew 1982）：

总结栏

（1）一组选项，每个选项有一个结果分布；

（2）一个联系网络，描述每个行动者之间或直接或间接的联系；

（3）一条传染规则，定义行动者 i 在时间 t 模仿行动者 j 的可能性。

这一原型模型可以用来考察成功的人或组织的行为是如何在与其有联系的人群或组织群中传播的（Granovetter and Soong 1983；Strang and Soule 1998）。最终状态取决于"供体"的性质、"受体"的性质、"疾病"的性质和联系网络的性质。一般而言，传播过程经常出现识阈效应（threshold effect）（Schelling 1971；Gladwell 2000），而且最后多以趋同（convergence）（Greenwood and Suddaby 2006；Purdy and Gray 2009）而非最优（optimality）（Strang and Macy 2001）收尾。通过模仿能否找到最优解，取决于学习者之间的联系网络，但是，一般而言，找到最优解的可能性并非随着联系密度单调递增。

笔记栏

　　流行病传播学有两条假定，放在组织复制成功的情境下尤其不合适。第一条假定是，传播物在传播过程中保持不变。有关事物在组织之间传播的研究表明，传播物在从一个组织传到另外一个组织的过程中往往会发生变化（Czamiawska and Sevon 1996；Scott 2003）。实际上，精确模仿能力有时被说成是组织有效复制成功的必要特征（Winter 2009）。第二条假定是，联系网络在传播过程中保持不变。在组织群中，联系网络本身会受到传播过程的影响。特别是模仿发生之时，模仿者与被模仿者之间的联系强于平时（March 1999a）。

　　复制成功的第三个机制是天择（selection）。所谓天择，就是繁殖与成功相连的属性（例如，规则、程序、形式），淘汰与失败相连的属性。通过天择复制成功的理论假定，存在一组固定属性、一条天择规则、一条繁殖规则，天择规则决定繁殖哪些属性，繁殖规则决定如何繁殖那些属性。对于组织通过天择复制成功而言，淘汰哪些属性，取决于一群竞争者之间的相对绩效，成功者的属性比失败者的属性更可能被复制

总结栏

笔记栏

（Alchian 1950；Winter 1964；Baum and Singh 1994）。

当然，这些观点借鉴了进化生物学和进化经济学的大量文献（Mayr 1963，1982；Selten 1991；Gould 2002；Nelson and Winter 2002；Witt 2003）。它们设想出多种多样的变异形式和多种多样的天择过程。最终状态取决于具体采用了哪种变异形式、哪种天择过程，还取决于竞争的性质。相对于所处环境的变化而言，传播过程一般是缓慢的；而且，传播过程往往具有多重均衡，并不是每重均衡都同样有吸引力。

两组问题

有关通过复制成功适应环境的文献，处理了两组相互联系但是有所不同的问题。

第一组问题包括：个人或组织在这种情境下怎么做？个人和组织如何行动？随着时间的推移，个人或组织的行为如何根据经验而改变？个人和组织以何种方式、什么速度根据经验改变行动到什么程度？个人和组织在多大程度上追求最佳选项？

总结栏

笔记栏

第二组问题包括：智慧的个人或组织在这种情境下应该怎么做？为了收集更多信息而抽取几个选项进行尝试，这种尝试应该持续多长时间？什么时候应该做出选择？应该基于什么做出选择？

说到第二组问题，复制成功的各种机制具有一个共同的根本问题，这个根本问题在计算理性中的表现也很明显——确实，在各种适应过程中的表现都很明显。这个问题就是：如何指出并实现开发与探索之间的最佳平衡（Kuhn 1962，1977；Holland 1975；March 1999c，第 7 章；Chen and Katila 2008；Fang and Levinthal 2009）。开发指利用并精练已知之物，提高效率、进行标准化、实行问责、施加控制——这些都是开发的表现。探索指追求未知之物，尝试不同于标准流程的新做法，就是探索的表现。在涉及复制成功的适应过程中，问题就变成了如何在进一步了解世界（探索）和利用已知之物（开发）之间分配资源。因为复制成功是对即时反馈做出反应，所以复制成功经常遭受的一个质疑是：分配到探索上的资源是否太少

总结栏

（Starbuck，Greve，and Hedberg 1978；Miller 1994）。

有些显而易见的标准可以用来评价复制成功对任何一组特定行动规则的效应：

改进（improvement）：平均绩效随着经验而改进吗？

稳定（stability）：第 t 次重复第 t-1 次选择的可能性随着经验而增加吗？

声誉误差（reputation error）：所选选项变现绩效（声誉）是大于还是小于其期望值？两者的差距如何随着时间而变化？

最优性（optimality）：发现并采用了最佳选项吗？花了多长时间才找到最佳选项？或者，所选选项的绩效与最佳期望绩效的差距如何随着时间而变化？

复制成功的问题

作为适应机制，试误、模仿和天择有不同之处，但是在结构上有一些基本共同点。这些基本共同点及其引起的问题是本节讨论的主要焦点。此处讨论的现象，大都源自学习环境和适应机制的性质，而不是源自学习者的认知习惯，因此与那些著名的人类信息加工局限是不同的、基本上无关的。这些"结构性"问题是可以理解的，但是，理解了这些问题，并不代表就能解决这些问题。

第一，历史是复杂的。世界遵循一些永恒规律，从这个意义上说，世界也许是井然有序的，即使如此，世界还是充满复杂的因果关系。面对这样的复杂性，要从经验当中做出正确的推断，就要采用复杂的实验设计、使用多变量模型，还要使用大样本。不幸的是，在现实世界中复制成功，只能采用简单的内隐实验设计、简单的内隐相关模型和小样本。结果，通过复制成功而学习，特别容易犯下误设（misspecification）和迷信（superstition）的错误。

第二，历史充满随机不确定性。世界的井然有序掺杂着随机变异。根据经验找出最佳选项，就要解析

笔记栏

总结栏

信号、噪声和样本量的联合效应。

信号：选项之间的真实差异越大，通过观察一个样本找出真实最佳选项的机会越大。

噪声：观察结果的随机变异越小，通过观察一个样本找出真实最佳选项的机会越大。

样本量：样本越大，通过观察一个样本找出真实最佳选项的机会越大。

既然组织中的经验经常是信号弱、噪声大、样本小，那么变现历史就极有可能大大偏离深层现实。适应不是响应潜在历史分布，而是响应小样本实现的那个历史。这会导致过分偏爱一个其实并非很好的选项，进而导致错误地复制，或者导致过分轻视一个其实并非很差的选项，进而导致错误地回避。

研究随机过程的学者都知道，随机变异会造成一些十分惊人、违反直觉的意外（Feller 1968）。这些意外，很多是所谓的首次超越定理（first-passage theorem），或者竞争上限定理（competitive maximum theorem）的变式。前者的一个例子是抛掷硬币：抛掷一枚硬币，大概抛掷多少次会半数以上是正面或者半数以上是反面？一般人的直觉是，次数较少。而实际情况是，平均而言，次数相当多。

竞争上限定理的一个例子是：比较两个相同的竞争者，每个竞争者每次实现的绩效，取自一个平均值为 0、标准差为 1 的正态分布。假设我们考虑两个竞争者历次变现绩效的平均值。随着经验的积累，第 t 次的历次变现绩效平均值较大的竞争者，第 t+1 次的历次变现绩效平均值也较大的可能性会增大。随着 t 的不断增加，这一可能性会变得非常大。根据历次变现绩效平均值对两个竞争者排名，这一排名会在很长一段时间内保持不变，即使两个竞争者在能力上是一样的，即使平均绩效之差会缩小。

第三，众选项的潜在结果分布受到历次所做选择以及历次变现结果的影响。复制成功自然会影响所选选项，进而影响所选选项的潜在结果分布。不那么显而易见的是，复制成功经常还会影响其他选项的潜在结果分布。用标准术语来说，每次的潜在结果分布内源于历次所做选择或历次变现结果。

这种内源性在有些案例中表现为消耗：也就是因为复制本身对后续结果有害，所以，平均而言，复制成功导致绩效降低。最显而易见的案例涉及，资源因使用或竞争而消耗。其他案例涉及，优势因开发而丧失（Barnett and Hansen 1996）。例如，假设一位网球选手采取的策略是把球打到对手较弱的那边（对手长于右手，就打到左边；对手长于左手，就打到右边）。这一策略会增加短期获胜的可能性，但是与此同时会为对手提供练习较弱那边的机会。随着时间的推移，练习效应会减小对手两手之间的能力差异，进而减弱"把球打到对手较弱那边"这个策略的竞争优势。其他例子包括，涉及厌倦或愤世嫉俗的案例。还有一些例子是涉及他人调整的案例，例如，喊"狼来了"的次数多了，别人就不把你的喊叫当回事了。

然而，也许更为重要的案例涉及的是结果分布因使用而改进——复制本身改进结果分布。一个重要的案例涉及，熟能生巧。每次选择一个选项，就会提高在这个选项上的能力。我们似乎有理由假定，一般而言，练习效应会增大所选选项结果分布的平均值、减小所选选项结果分布的标准差。

因为练习效应的存在，所以通过复制成功寻找最佳选项容易出现问题。这个问题一般称作"胜任力陷阱（competency traps）"（Levitt and March 1988；Arthur 1989）。假设某项活动的绩效是由这项活动的潜力和在这项活动上的胜任力共同决定的，潜力是固定的，胜任力是变化的。一般而言，胜任力起初较低，但随着练习而提高。既然绩效是由胜任力和潜力共同决定的，那么有了练习效应就更难找出最具潜力的选项。极有可能，一个潜力较低的选项会因为学习者比较擅长而胜过一个潜力较高的选项。组织经常会面临一种选择：一个是老做法（或流程、形式），缺点较多，但是用顺手了；另外一个是新做法（或流程、形式），优点较多，但是不大会用。在这两个选项面前，组织极有可

笔记栏

总结栏

能选择前者。复制成功更有可能加重而非缓解这一问题。

类似的，如果成功带来更多的成功，如马太效应（Merton 1968）那样，那么结果分布就内源于选择。例如，假设第 t 次的变现绩效 r_t 取自平均值为 x_t、标准差为 s_t 的正态分布，如果 x_t 是 r_{t-1} 的函数（例如，$x_t = r_{t-1}$），那么过程就会呈现弓形拉线特点，也就是选项结果间差异起初较小，后来越变越大。这种情况在组织中的一个显而易见的例子是早期绩效评价影响后续绩效评价，这样下去，起初很小的绩效评价个体差异会越拉越大。还有一个相关的例子，那就是模仿某项实务的可能性取决于这项实务的"合法性（legitimacy）"，而合法性又取决于已经有多少组织采用了这项实务（Carroll and Hannan 1989；Hannan 1998）。

复制成功还受成败评定（拿绩效与目标相比）以及目标调整（根据绩效调整目标）的影响（Payne，Laughhann，and Crum 1980，1981）。假设第 t 次的目标取决于第 t-1 次的目标和第 t-1 次的绩效。这样，目标就会向绩效靠拢（实际上，是以指数级速度趋近平均绩效），而且，过去绩效较低，目标就会调低，当前绩效必然也会降低。这让成败判定特别容易受到结果噪声的影响。通过让成功（进而复制成功）取决于绩效史，目标调整会放缓学习进程，尤其是当目标调整速度很快的时候（March and Shapira 1992）。另一方面，如果目标不随经验而调整，成败趋于稳定，那么学习就可能变成迷信活动（Lave and March 1975）。

学习在三个层面同时发生。第一个是学习做什么：寻找好的（或者最好的）技术、战略或合作伙伴，等等。第二个是学习如何做：精练并改进在某技术、战略或合作伙伴上的胜任力。第三个是学习期盼什么：调整绩效目标。因为学习在这三个层面同步进行，所以最佳选项更难找到了。在学习选择较好技术的同时，还要学习如何让这项技术发挥作用、如何调整对这项技术的期望值，三个层面的适应相互干扰。

第四，经验抽样率受样本结果的影响。选择一个选项付诸实施观察结果就获得一次经验，每次的经验

笔记栏

总结栏

41

笔记栏

都是深层现实的一个抽样值，与深层现实存在误差。样本越小，抽样误差越大，复制与成功相连的选项，回避与失败相连的选项，成功选项的经验样本量就会大于失败选项的经验样本量，进而，失败选项的经验抽样误差就会大于成功选项的经验抽样误差。

抽样误差导致体验式学习容易出现两类错误。第一类错误发生在抽样回报高于真实回报之时，第二类错误发生在抽样回报低于真实回报之时。既然成功选项的经验样本量因复制成功而增加，那么因高估选项价值而造成的误差就会自行矫正。复制会减小成功选项的经验抽样误差，进而暴露高估误差。另一方面，因低估选项价值而造成的误差不会自行矫正，初始结果较差的选项容易被低估、被轻视。

有些现象，只要被视作颇具典型性，就可以用一个简单的模型解释清楚。假设在一组 15 个选项中反复选择多次。每个选项 A_i 的结果是一个平均值为 x_i、标准差为 s 的正态分布，$x_i's$ 和 s 不随时间而变化，$x_i's$ 本身来自一个平均值为 0、标准差为 S 的正态分布。每个

总结栏

42

选项有一个初始声誉 $R_{i,0} = 0$，就是所有选项的平均期望。随后，每次所选选项的 $R_{i,t}$ 等于那个选项历次变现结果的平均值。这样，某个选项第 t 次的声誉所依据的观察次数，也许少到只有 0，也许多到有 $t-1$。每次选择声誉最高（$\max R_{i,t}$）的那个选项，实现一个结果（取自那个选项的结果分布）。

　　这一简单模型可以解释内源抽样的后果。改进：当选项平均值之间存在差异（S>0），复制成功会让绩效随着时间而改进，还会找到并复制较好的选项。稳定：复制成功会让选择趋于稳定，而且这种趋势还十分强烈。即使选项平均值之间不存在差异（S=0），这一趋势还是存在，只是强度稍弱。声誉误差：所选选项声誉与那个选项结果分布真实平均值之间的差异（$R_{i,t} - x_i$）是正的，也就是所选选项的声誉会高估能力。这一差异起初较大，后来会越变越小，最终（经过很多次选择）趋近于 0。最优性：当选项平均值之间存在差异（S>0），如果计算所选选项平均值与潜在最佳选项平均值之比，那么这一比值会随着时间而增加，但

笔记栏

总结栏

笔记栏

永远不会达到1.0。复制成功很少会发现最佳选项。

最终状态有好有坏。在因果结构并不复杂的简单情境中，如果选项之间存在差异、选项的结果相对稳定（低变异）、经验样本足够大，那么复制成功往往会让绩效随着时间而改进。复制成功往往会导致选择趋于稳定，也就是重复选择某个选项的可能性平稳地增大。复制成功往往会导致一段时间内所选选项的声誉（过去绩效）提高。声誉之所以提高，部分是因为越来越有可能选择较好选项，部分是因为选择了抽样误差为正的选项。

另一方面，通过复制成功而学习也有一些令人讨厌的特点。即使在简单情境下，通过复制成功而做出的选择也极有可能是次优的。某个学习水平的复制成功会与另外一个学习水平的复制成功相互混淆，例如造成胜任力陷阱。即使选项平均绩效与期望值之差最终会趋近于0，在一段时间内所选选项的变现绩效也会大大低估那个选项的潜力。即使选项之间不存在差异（因此就寻找较好选项而言没有什么可学的），复制成

总结栏

功往往也会导致选择趋于稳定。即使没有什么可学，主观学习感也有可能十分深刻。

笔记栏

这些现象有一个惊人特征，那就是它们在很大程度上取决于经验的属性而非学习者的属性。当经验以让学习有效的方式展开，那么复制成功就会增长智慧。但是，当经验是复杂的、模糊的、充满随机变异的、样本量有限的（情况往往就是如此），那么复制成功——不管是通过试误，还是模仿，或者天择——就有可能导致次优状态。

低智学习与高智解释

尽管存在严重缺陷，但是复制成功是一个无所不在的学习工具。人类的适应，一般都是采用各种形式的复制成功。然而，与此同时，试误、模仿、天择的低智简单与人类对高智的希望是相互冲突的。因为自负（行动者和观察者都有），所以人类似乎不愿把自身行为归结为复制成功，而是偏爱比较复杂、比较认知

总结栏

笔记栏

的理解、解释和辩护。

一方面，复制成功无所不在；另一方面，人类偏爱高智历史解释和高智学习，这意味着通常用高智词汇描述的行为有可能实际上只是简单地复制与成功相连的行动，即低智学习。这是一个古老的观点，深受以巴甫洛夫为首的行为主义心理学家的喜爱；这一古老观点的另外一个形式，深受经济理论家的喜爱。

假设人类行为的机制实际上远远没有人类对人类行为的诠释复杂。特别是假设我们可以证明，某些行为"可以解释"为简单地复制成功而得到的产品。这样的证明，几乎证明不了复制成功是产生这些行为的主要机制，但是也许可以促使人们质疑那些比较复杂的解释。下面以人们非常感兴趣、学者经常研究的两种行为为例说明一下：风险承担和配偶选择。

风险承担

说到风险承担行为，最常见的观察（假定）是，不同的人有不同的风险特质，有的人是风险规避型，

笔记栏

有的人是风险寻求型。一般而言，大多数人应该是风险规避型。例如，大多数人宁愿稳稳地获得 k 美元，而不愿有 p 的可能性获得 k/p 美元，或者（1-p）的可能性什么也得不到——尽管两个选项的期望值都是 k 美元。

在面对有关金钱的选择时，大多数人规避风险，对该现象的一个标准解释是，因为金钱的边际效用递减，所以确定选项的期望效用大于不确定选项的期望效用。更一般的是，经典理性选择理论把"风险偏好"简单地定义为"金钱效用曲线的任何非线性特征"。

有关风险承担行为的研究表明，风险承担受个体差异的影响并不如受情境的影响强烈。最常见的描述是：当期望值高于目标（收益），个体倾向于规避风险；当期望值低于目标（损失），个体倾向于寻求风险（Kahneman and Tversky 1979）。学者有时用"不求最好但求满意"解释这一现象（March and Shapira 1992）。

假设风险偏好既不是个体特质又不直接取决于情境，而是学习的产品。已经有人证明，通过简单地复

总结栏

制成功而学习就会导致在收益面前规避风险、在损失面前寻求风险（March 1999c，第 15 章；Denrell 2007）。收益分布变异大的选项，其潜力可能因为样本小而被低估，进而被放弃。另一方面，损失分布变异小的选项，可能因为初步尝试几次总是得到负面结果而失去抽样机会，也就是被放弃。

这种现象的一个特例涉及小概率极端事件。小概率事件的出现次数分布是严重倾斜的。例如，重大科学突破。这样的事件，结果极其正面，但是发生机会非常之小。大多数研究者一辈子都不会经历这样的事件。实际上（或者，可能实际上），大多数学习者会低估极其稀有、极其正面事件的发生可能性，进而无意识地规避风险，不能像本来可能的那样复制与重大科学发现相连的行动（例如，高度敬业、积极投入）。

还有一些案例，涉及的是极少发生但后果十分严重的事件，比如核电厂的核事故。核事故的发生可能性极低，核电厂的大多数操作员不会经历。实际上（或者，可能实际上），大多数学习者会低估极其稀有、极其负面事件发生的可能性，进而无意识地寻求风险，复制增加核事故发生可能性的行为（例如，粗心大意）。在诸如此类的案例中，收益面前规避风险、损失面前寻求风险，不过是学习的产品。

笔记栏

看看这两类案例的不同之处，在涉及稀有正面事件的案例中，因为没有经历过事件，所以个体会放松复制加大事件发生可能性之行动（例如，勤奋努力）的力度，进而不仅减少矫正对事件发生可能性无意识低估的机会，而且真正让事件变得不大可能。学习会降低做出重大科学突破的机会。在涉及稀有负面事件的案例中，因为没有经历过事件，所以个体会放松回避加大事件发生可能性之行动（例如，马虎大意）的力度，进而不仅增加矫正对事件发生可能性无意识低估的机会，而且真正让事件变得更加可能。学习会增加酿成重大核事故的可能性，还会既通过更多地经历核事故又通过让核事故变得更加可能来"矫正"对风险的低估。

在这个问题上，贝弗莉·萨奥尔（Beverly Sauer）

总结栏

回顾有害环境管制经验后观察到，"机构制定书面标准，因为经验是蹩脚的老师"（2003，37）。萨奥尔解释说，长期置身于危险之中但一直安然无恙，人们就会淡忘曾经让自己非常忧心的危险，因此，经验具有双面性，一方面让人们泰然处之，另一方面让人们麻痹大意。

配偶选择

假设有这么一个世界，人们选择配偶，每次选择一个候选者，记录其表现。为了简便起见，假定选择是单向的，也就是候选者没有选择机会，只是等着被选。每个候选者的表现都来自潜在表现的正态分布。每一次首先计算曾被选过的候选者各自的平均表现，然后计算所有曾被选过的候选者的平均表现的平均值，把这个平均值当作所有未被选过的候选者的期望值，之后比较所有候选者，从中选择一个。

在这样的世界，如果人们通过复制成功而学习如何选择配偶，那么人们的配偶选择行为会表现出什么特点？三个有趣的特点值得一提：

总结栏

（1）通过这种方式选择的配偶是潜在最佳配偶的可能性非常小。

（2）最后会出现一夫一妻制，也就是，下次重复上次所做选择的可能性会逐渐增加。以上趋势会因选择之后的失望而减弱，会因相处能力的提高而增强。

（3）在这一过程中，人们会认为自己从经验中学到了东西，对自己所做的选择越来越有把握。

这样，我们就要说到也许可以称为"行为主义者宣言"的东西。风险规避不一定要看成慎重选择、神秘特质或者情境产物，而是可以看成简单地从日常经验中学习而形成的一种倾向。一夫一妻制不一定是文化习俗、道德规范或理性计算的产物，而是可以看成简单地从日常经验中学习而得到的产物。

既如此，是否要质疑学者给出的比较复杂的故事和理论呢？并不是。实际上，比较复杂的故事也许是对的，即使行为的某些方面可以用复制成功解释清楚。然而，人类行动者以及经济学家、哲学家、心理学家、

笔记栏

总结栏

51

笔记栏

社会学家和神学家给出的比较复杂的诠释，可以看成也许反映了人类的自负，也就是高估人类意愿和智慧在人类行为中的作用。那些比较复杂的诠释，可以看成为了彰显并强化那种自负而讲的故事。彰显并强化那种自负，这一目的与追求真理不同，但是也许与追求真理一样高尚。

总结栏

第 3 章

通过故事和模型来学习

经验的疆界

笔记栏

组织通过低智适应追求智慧，也通过高智适应追求智慧。第2章讨论的是低智适应，本章将主要讨论高智适应。低智适应，就是简单地复制与成功相连的行动，而高智适应，要求厘清事物的因果关系，并用叙事（自然语言）、模型（符号语言）或者理论阐述出来。高智故事和模型，既是精确理解历史的基础，又是判断学问高低的依据。

组织研究、组织纪实报告、管理者的传记或自传、组织参与者的每日功课中，满是有关经验的叙事。这些叙事探索历史片段中的事件，试图理清事件之间的因果关系。类似的，组织研究、大学教材、顾问讲座中，满是有关经验的模型。决策理论、经济理论、组

总结栏

织理论、博弈理论，以及在那些框架之内讲述的故事，是组织智慧的核心。

第二次世界大战之后的几十年间，高智学习产生的故事和模型，广受追捧。尽管之后一连栽了几个大跟头——其中最著名的是，美国的"出类拔萃之辈"在越战中失策，计划经济之典范的苏联解体，复杂战略、避险基金、金融衍生物让人大失所望——但是这些有关组织生活的故事和模型的正确性，在人们心中几乎是不言而喻的，它们养活了一大群学者、作者、顾问和实践者。

高智故事和模型是两种压力联合作用的产物。一方面，故事和模型必须精妙复杂到显得有趣并彰显人类智慧；另一方面，故事和模型必须简单到足以让人理解。在这两种压力的联合作用下，故事和模型往往会变得比较详尽，详尽到足以赞美人类智慧，又不会变得太过详尽，免得不能让人理解。故事和模型倾向于展现——也许可以叫作——"最大可理解复杂性"。

最大可理解复杂性本身是听众智慧以及故事讲述

技术和模型建造技术的函数，所以随听众的不同而变化，随故事讲述技术和模型建造技术的不同而变化，还随时间而变化。然而，最大可理解复杂性往往对所述过程本身的复杂性相对不敏感。系统而言，只要故事和模型展现出最大可理解复杂性，就倾向于比简单过程复杂、比复杂过程简单。第 2 章简要探讨了前面那一趋势，本章将考察后面这一趋势。

故事和模型

　　从古代吟唱诗人（Sturluson 1984）到现代新闻记者（Halberstam 1972），人类就一直沉迷于讲故事。罗兰·巴特（Roland Barthes 1977）认为叙事是普遍的，芭芭拉·查米阿乌斯卡（Barbara Czamiawska 1977）观察到访谈对象宁愿讲故事而不愿回答问题。管理者、记者和学者创作并分享经验故事和模型，用于描述、解释并改进组织生活，并且用于营造聪明睿智的名声。学者、记者、管理顾问和组织参与者都是故事讲述者

笔记栏

总结栏

57

和模型建造者（Weick 1995），怀着同样的目的、使用同样的技巧、出现同样的问题。

故事和模型响应了组织生活和组织研究当中普遍存在的一个迫切要求，这一迫切要求就是，描述经验的因果基础。经验由复杂的、随机的、部分可观察的过程产生的事件流构成。因果关系是模糊的。诠释历史，涉及把经验的模糊性和复杂性转化成一种详尽到足以让人感兴趣、简单到足以让人理解、可信到足以让人接受的形式。讲故事的技巧，涉及在三个标准之间微妙地平衡。

人类如何用模糊而复杂的经验建造故事和模型，受人类认知能力和认知风格的某些特征的影响。人类存储、回忆历史的能力有限，对服务于当前信念和欲望的重构记忆敏感。人类的分析能力有限，对加诸经验之上的框架敏感。人类固守成见，对支持先入之见的证据不如对反对先入之见的证据挑剔。人类既歪曲观察又歪曲信念，以提高两者的一致度。人类偏爱简单的因果关系，认为原因必定在结果附近、大果必定有大因。与比较复杂的分析相比，人类更喜欢涉及有限信息和简单计算的启发式。人类诠释经验的这幅大图景，证据充分、众所周知（Camerer, Loewenstein, and Rabin 2004；Kosnik 2008）。

人类故事讲述之所以表现出这些特点，根本上是因为社会诠释具有互相连接、共同演化的特征。一个人在向很多其他人学习的同时，其他人也在向这个人学习，而且其他人之间也在相互学习。一个人持有的故事和模型并不独立于其他人持有的故事和模型。结果，学习对回声的回声做出响应。既然如此，那么日常生活的观察与诠释一致度几乎肯定高于真实值。特别是，一般而言，日常生活似乎过分证实先入之见。

解释把经验事件纳入公认框架。在经济学中，解释涉及证明观察事件符合公认理性定理。在物理学中，解释涉及证明观察事件符合公认物理规律。在基要派宗教中，解释涉及证明观察事件符合公认教义。关键是把经验与预先存在的公认故事情节连接起来，以获得主观理解感。

笔记栏

总结栏

笔记栏

　　当然，有些框架是相互竞争的。把经验纳入相互竞争的框架，要求就这些框架的相对有趣度、可理解度和可信度进行协商。这种协商的条款，特别是可信度与实证效应的关系，是科学方法论的研究主题，也是学者的辩论主题。不同的学者，对效度有不同的主张。但是，效度主张一般取决于不同学者对基本框架的认识达成某种水平的一致。如果缺乏这种共识，那么学者在讨论解释的有趣度、可理解度和可信度之时，就可能异常激烈但各说各话。在马克思主义框架之内诠释的经验，在新古典经济学家看来，大都是莫名其妙的；在弗洛伊德框架之内诠释的经验，在行为心理学家看来，大都是莫名其妙的；在福科框架之内诠释的经验，在组织群生态学家看来大都是莫名其妙的。

　　组织故事讲述者之间最显而易见的差异，是那些主张用自然语言编造叙事、简化经验、表述知识的人（粗略归为文学/人文派）与那些主张用符号语言建造模型、简化经验、表述知识的人（粗略归为数学/科学派）之间的差异（Snow 1959）。自然语言派强调主题

总结栏

和语法，主张用带有文法规则的叙事表征生活。符号语言派强调数学框架、假定和推导，主张用带有数学逻辑规则和推断证明规则的模型表征生活。

组织故事讲述者、组织模型建造者和组织理论家力求让诠释既贴近现实又容易理解，但是这两个目标是相互冲突的（Levi-Strauss 1966，261；Augier and March 2008，96—98）。因果基础复杂的经验，要是面面俱到地描绘出来，就会太过复杂，人类根本理解不了。越准确地反映现实，故事就越不好理解；故事越好理解，就越不贴近现实。只有提纲挈领地描绘生活，才能让人理解生活的丰富。正如尼采（1997，279）写过的那样："片面描述往往胜过全面描述：它简化现实，让观点更好理解、更具说服力。"

故事和模型简化复杂的因果关系，减少所涉变量数目，经常忽略二三阶效应、最小化反馈效应、掩饰时滞变异。故事和模型经常导致过度拟合的解释，这些解释对随机变异进行事后诠释，对未来没有什么预测力。故事和模型简化身份及其激活场合，抛开身份

笔记栏

总结栏

61

笔记栏

实现的细枝末节，降低人类义务的混乱程度。故事和模型一般假定，因果结构可以分解成若干个关系不大的子结构。这些简化必然是不完全表征，但是有助于理解。经验故事和模型必须采用一种可以交流、可以理解的形式。

自然语言智慧实践者的工作，在坚定和怀疑之间无限循环，因两难、矛盾和不一致而繁荣。他们依靠并敬重自然语言的不确定性，诠释再诠释，不求定论但求新解（Ricoeur 1965；White 1987；Polkinghome 1988；Czarniawska 1997；Cabriel 2004）。分析模型实践者，其工作也在怀疑和坚定之间循环，但是强烈地希望怀疑是暂时的、坚定是最终的。他们用想象延伸和系统推导向数学和统计的开放性和灵活性致敬。他们认为自己的动力是追求超语言真理（Kuhn 1962；Lave and March 1975；Williamson 1975；Scott 1981），但是发现自己总是容易犯统计过度拟合的错误（Hatie, Tibshirani, and Friedman 2001）。

像小说家和剧作家一样，管理者、新闻记者、律师

总结栏

和组织学者经常为了创作更好的故事而删减或添加事实（Collingwood 1993）。在这一过程中，故事讲述者或模型建造者也许删掉某些极不可能出现的"事实"（例如，奇迹），添上某些没有观察到但应该有的"事实"［例如，"构成性想象（constitutive imagination）"，"典型性事实（stylized facts）"］。

他们还把经验纳入容易识别的故事情节。芭芭拉·查米阿乌斯卡写道："故事不是凭空出现的；故事建构过程，融合了大量卡尔·威克（Karl Weick）（1995）所说的释义（sensemaking）工作……当新事件发生，为了让新事件有意义，就把新事件放入现成框架中，即使这样做也许意味着必须对框架进行某种调整和修改（2008，33，38）。"他们把事件放入熟悉的故事情节中。例如，律师和法庭创作具有典型性的故事和诠释，力求既从中学习，又依据其框架诠释证词（Bennett and Feldman 1981）。

故事和模型绝不单单是哪个人的产品。故事讲述者不仅要应对与之竞争的故事讲述者，而且要应对听

笔记栏

总结栏

63

笔记栏

众的偏见和期望。有些组织参与者企图通过在授权组织历史学家——或者叫作公共关系专家或媒体顾问——身上投资来控制诠释，这类人也是故事讲述者要应对的。故事讲述者有着自己的材料来源和偏见偏好，但是要想让故事被人接受，就要迎合听众的口味。故事和模型的深层主题，主要通过以下社会过程让人接受：在有着共同文化和共同语言的故事讲述者与听众群中讲述、再讲述、改造和评价，形成并传播诠释性观点。

在熟悉框架内简化经验，是人类理解世界的基础，文学理论家（例如，Ricoeur 1965）、法学理论家（例如，Dworkin 1986）、现象学家（例如，Schutz 1967；Berger and Luckmann 1967）、符号交互学家（例如，Blumer 1969；Van Maanen 1988, 1995）和民俗方法学家（例如，Garfinkel 1967；Cicoure 1974）都这样做，只是形式稍有不同。这种熟悉化，在正式模型的建造过程中也很明显，例如，经济学模型借鉴物理学模型中容易理解的假定（Mirowski 1989），多变量复杂系统

总结栏

的建模用的是线性回归的变式（Greene 2008）。

因此，经验故事和模型是希望被社会证实为真相的虚构。它们是虚构，因为真相是不可接近的。然而，它们代表一类特殊的虚构。它们是明确希望与观察证据对质的虚构，即使既认识到因果关系的复杂性，又认识到观察的不透明性。一方面，故事和模型希望让人理解；另一方面，历史是复杂的、模糊的，两者的冲突渗透在建构并验证经验故事和模型的全过程中。"启发式反映了令人遗憾的非理性"的假定之所以受到挑战，也是因为这一冲突（Hogarth and Karelaia 2005；Gigerenzer and Brighton 2009）。

从经验中学习具有循环性（circularity），这一根本特征也是故事讲述和模型建构造成的。人类渴望从历史经验中学习，但是历史经验封装在人类发明的框架之中。人类从自己的发明中学习。循环性并不排除从经验中学习可以增长智慧，但是会增加混淆的可能性，而且会加强对与已有信念不一致的信息的抵触（Kuhn 1962）。

笔记栏

总结栏

65

组织故事

组织与管理世界欢迎故事讲述的行为（Zaleznick 1989；Westerlund and Sjostrand 1979；Gabriel 2004）。人类在经验中寻找知识，但是经验是模糊的，经验的因果结构是复杂的。身份是模糊的，身份应用于具体情境的方式是纷繁的。发展并丰富经验故事和理论，是管理学研究的重大任务。研究者经常问被试发生了什么、为什么发生，研究的主要内容经常就是把被试讲述的故事制成表格（Sarbin 1986；White 1987；Collingwood 1993；Bruner 1996；Golden-Biddle and Locke 1997）。

在商学院讲授的商业案例中，在公共管理课程讲授的行政管理案例中，可以看到有关组织经验的故事。在风险资本家讨论的商业计划中，在政府机构讨论的行政改革中，可以看到有关组织经验的故事。在经管书籍中，在大众媒体中，满是有关组织经验的故事。组织故事讲述者大部分都与证券分析师、商业媒体、政治评论家和学术团体有联系。对组织观察家而言，能够讲述有趣的、好理解的、可信的故事，是智慧的标志。

组织故事，就像现代生活很多其他方面的故事一样，既有可能披着正式模型的外衣，也有可能披着自然叙事的外衣。当代组织经济学，大都采用几个简单的等式（Gibbons and Roberts 2008），为组织规律提供经济学诠释（Kreps 1990a）。其习惯是，从组织生活细节中提取几个基本特征，定义成抽象概念，确定概念之间的关系，用模型的形式阐述出来。其余有关商业公司或政府机构的当代研究文献，大都采用叙事形式，从组织经验的丰富细节中提取几个主题，或强加几个主题，用故事的形式阐述出来（Czamiawska 1997；Hemes 2008）。

不同人根据同一经验讲述的故事，往往是相互冲突的。就拿描述微软及其象征人物比尔·盖茨（Bill Gates）的崛起来说吧。微软故事版本1，把比尔·盖茨刻画成有着非凡洞察力和管理能力的杰出改革家和

总结栏

战略家。这个故事与早期有关安德鲁·卡耐基（Andrew Carnegie）和亨利·福特（Henry Ford）的故事大同小异。微软故事版本 2，把比尔·盖茨刻画成一生之中从未有原创想法只是无耻地窃取并推广他人想法的幸运恶霸。这个故事与 19 世纪有关强盗大亨的故事大同小异。当然，两个版本的故事之所以相互冲突，一个原因是微软及其对手的未来会如何这件事本身就是有争议的。就像美国人比非美国人更有可能把美国权势扩张归因于美国及其国民令人羡慕的特征一样，住在西雅图的人比住在圣何塞或盐湖城的人更有可能讲述正面的微软故事。

　　高智体验式学习的有些问题可以解释为，学习者力图把组织历史经验转化成对组织盈利的理解。商业公司有时经营得好，有时经营得差。管理者和研究者力图根据观察经验找出能让高绩效（赚钱的）组织与低绩效（不赚钱的）组织区分开来的属性。他们试图讲述可以让人接受的故事，诠释为什么出现所观察到的模式。所观察到的模式，一般产自很多个人和很多组织的行动的复杂结合以及命运女神的奇思妙想。

笔记栏

尽管标准的管理畅销书和标准的组织研究文献都声称了解决定组织绩效的各种因素，但是我们几乎不可能不得出结论说（在约定俗成的推断规则之下）：大多数有关组织绩效的研究不能有任何把握地理清绩效产生的因果结构。其中的困难大部分来自于：（a）组织多大程度上吸收了过去的理解，进而大大减少了政策、实务和形式的变数；（b）因果结构的复杂与用来描述因果结构之观点的简单不相匹配；（c）影响利润的因素，有些是不可观察的，或者同时受到利润的影响；（d）大量不可控因素；（e）经验样本小。理清组织绩效因果结构过程中的这些困难，既不是秘密，也不是最近才发现的（Staw 1975; Lenz 1981; March and Sutton 1997）。文献评论经常提到这些困难，量化与质化研究基础课程也经常提到这些困难。

尽管（或者因为）从经验中提取现实存在很多问题，但是（或者所以）管理故事的主题倾向于随着时间而趋同。不同的故事倾向于对决定盈利的因素达成

总结栏

共识，这一共识最后变成"最佳实践"的一部分。对比尔·盖茨的诠释倾向于达成某种共识，就像对亨利·福特和成吉思汗的诠释一样。尽管证据肯定会累计，但是共识的达成并非完全基于累计证据。相反，共识会作为论述规则而发展，会作为受过教育的人的衡量标准之一而发展，会作为日常谈话中确定立场的依据之一而发展。

神话主题

不管是有关私人领域还是有关公共领域的标准期刊和数据，所讲述的组织故事都强调几个通俗的主题。那些主题，有些可以轻易看出是有关经验的。事是人做的，因此有关人的故事和有关事的故事是互相交织的。活在世上，就要为生存而竞争，只有最适应环境的才能生存下去。问题都有答案，运用智慧可以找到那些答案。世界在变化，要想生存下去，适应能力必不可少。显而易见，这些故事和故事主题对组织中的人如何理解组织历史至关重要。它们形成了经验诠释的基础和经验分享的框架。

特别是，有关组织经验的故事受到一类独特主题的深刻影响。这类主题，准确来说，应该称作神话："任何通过具体化一个民族的文化理想或者表达一个民族共同深深体验到的情绪情感来取悦这个民族的或真实或虚构的故事、重复出现的主题或者性格类型"[《美国英语传统辞典1981》(*The American Heritage Dictionary of the English Language 1981*)]。

神话是减轻历史经验、人类理解和人类展演三者之混淆的工具。带有标准神话情节的故事或模型会提供容易理解的意义，还会提供可信性（Vygotsky [1962] 1986；White 1987）。神话情节不是约束衣，它们既具神圣性（稳定性），又允许一定程度的变动。围绕神话主题建构故事，就需要很多不同的故事和子故事 [用列维-斯特劳斯（Levi-Strauss）的术语说，就是"神话素（mytheme）"]，好为故事讲述者提供原材料（Levi-Strauss 1966, 1979）。然而，因为故事讲述者建

总结栏

构出来的故事必须被人视作可信的，而可信度与熟悉度密切相关，所以故事讲述者的选择是有限的。

组织故事和模型，专门围绕四大神话主题而建构（March 1999b）。第一个神话主题是理性（rationality）神话：人类遵循结果逻辑采取行动、为行动辩护，人类精神由此得到明确表达。行动是做选择，做选择要遵循结果逻辑。

理性既被视作好行为的标志，又被视作未来行为的预测因子。理性神话遍布公共领域的管理故事和模型，也遍布私人领域的管理故事和模型。很多人认为"激励（incentive）"是组织行为的关键所在，这一观点的基础就是理性神话。人们经常会问或被问到："你/他/她/他们/我/我们为什么那样做？"回答这一问题要依据理性：之所以采取某个行动是因为这个行动具有结果主义意义，也就是基于对结果和诱因的期待采取某个行动。在那些成了民间智慧的经济学规则中，如果给出了结果主义理性原因，就解释了行为。

第二个神话主题就是层级（hierarchy）神话：问题

可以分解成一层一层的子问题，行动可以分解成一层一层的子行动。组织采用层级结构并用层级方式解决问题，依赖的基础就是层级神话。采用层级方式解决问题，就是把任务逐层分解下去，各部门平行开工，然后把成果逐层整合上去。有关组织逐级实施控制、追究责任的观点，渗透在组织故事之中，反映在组织结构图和商业计划之中。组织把任务分配到人头、功劳归结到人头、责任追究到人头，依据的基础就是层级神话。很多人创建组织，首先想到的就是采用层级结构，这也是层级神话在作祟。

因为层级神话的存在，所以其他可能很重要的网络结构变得不重要了。例如，有关博弈理论的故事具有对称性，也就是结成联盟的各方行动者，之间的关系是平行的、对等的，这种对称性放在组织故事中，就变成了层级性，也就是上级行动者通过激励下级"代理人"来实现目标（Milgrom and Roberts 1992）。在组织中，非正式网络的错综性和重要性次于正式层级。

第三个主题是领导者个人举足轻重（individual

笔记栏

总结栏

73

笔记栏

leader significance）神话：任何历史故事要想有意义，都必须和伟人扯上关系；组织历史是组织领导者根据个人意愿创造的。在典型的组织故事或模型中，个人行动被视作组织历史的基本构件。历史是人创造的，是重大人物相互斗争、相互合作的结果（Polkinghome 1988）。组织历史的重大发展应该归因于非凡的人类行动和能力，也就是领导者个人的行动和能力。

管理/组织历史像军事历史一样，满是英雄；管理/组织历史的很多暗喻，都从军事历史中借鉴而来（Kieser 1997）。对公司沉浮的迷恋，转化成了对领导者个人沉浮的迷恋。就像有关军队沉浮的故事变成了有关将军有无能力的故事一样，有关商业公司兴衰的故事变成了有关 CEO 有无远见的故事。领导者的身份、性格、义务是管理教育的常见焦点。

第四个神话主题是历史有效（historical efficiency）神话：历史遵循的路线，通向唯一的均衡，这个唯一均衡由先前条件和竞争共同决定。很多人强调市场竞争是商业公司的自然选择机制，他们之所以这样强调，

总结栏

就是因为相信历史有效。历史有效的基本观点是：历史青睐那些符合环境要求的个人、组织、形式、实务和信念；竞争会确保历史的有效性；能够生存下来，就说明与环境要求的匹配度较高。历史有效神话，融合了古典功能主义的基本观点，后来又融合了马尔萨斯（Malthus）（［1798］2001）和达尔文（Darwin）（［1859］2006）的一些观点。竞争是必需的，优者胜，劣者汰。

历史有效神话，表现在有关优秀实务（例如，品质圈、新公共管理、精益生产、业务流程再造、全面质量管理、组织文化、知识管理）战胜不良实务的故事之中，表现在人们把市场竞争或政治竞争看成自然的、必要的这一倾向之中。领导者个人举足轻重神话与历史有效神话显然存在一定程度的不一致，但是人类故事讲述的一个常见特点就是，结合相互冲突的熟悉主题。

这四个神话主题绝对没有穷尽组织故事讲述者可以用到的所有神话主题，还有其他很多神话主题可用。

笔记栏

总结栏

75

其他神话主题，人们的接受程度各不相同，与以上四大神话主题的一致程度也各不相同。特别是以上四大神话主题，每个都有一个反主题，反主题本身也很有名，足以成为故事的要素。理性神话的反主题是身份主题：个体不是遵循结果逻辑，而是把情境与身份要求匹配起来。层级神话的反主题是非层级网络主题：复杂的联系网络把组织中的个人连接起来。领导者个人举足轻重神话的反主题是复杂性主题：历史是由多个个人的行动的复杂结合创造的。历史有效神话的反主题是历史无效主题：适应是缓慢的，具有多重均衡。

围绕四大主题而建构的故事当然比围绕各自反主题而建构的故事更容易找到支持证据，但是故事讲述者在尝试神话主题的过程中会或多或少地对它进行调整，或者精练它、丰富它、壮大它，或者考虑是否要弱化它，甚至颠覆它。与此同时，把四个反主题放在四大主题的对立面，倾向于突出四大主题在智慧王国里的中心地位。

这些神话，很多下面潜藏着一个更大的神话：人类举足轻重，也就是，人类可以通过个体的或集体的智慧行动影响历史进程，让历史按照对自己有利的方向发展。这样的神话，既是一种信仰，又是经验诠释的基础。很多人相信"显而易见，人定胜天"，只是不太成功的组织中相信这一点的人略比比较成功的组织中相信这一点的人少。"人定胜天"并非不证自明的——或者也许仅仅是不证自明的。

　　因为相信"人类举足轻重"，所以人们倾向于把历史事件归功于或者归咎于人类意愿，进而慷慨地或残忍地对待领导者。国民幸福的功劳、国民不幸的责任被归到政党和政治家的身上，股价上涨的功劳、股价下跌的责任被归到公司管理者的身上，社会项目取悦公众的功劳、社会项目惹怒公众的责任被归到政治领导者或政府机构管理者的身上，只有领导者才配受崇拜、受谴责（Shklar 1990，62）。这样归功论责，即使存在理清因果关系的机会，也会被"人类举足轻重"的信念抹杀。正如罗伯特·赖希（Robert Reich）（1985，23—28）观察到的那样，"美国人有一种势不

笔记栏

总结栏

77

可挡的倾向：把大型机构的掌舵人送到领奖台上或钉在耻辱柱上——因为丝毫不为他们左右的事情而表扬或谴责他们。"这种做法，是对人类掌控命运的肯定；对人类意识形态而言，这种肯定弥足珍贵（Czarniawska 1997，38—39）。在更世俗的水平上，基于这种肯定的问责神话以可以观察到的方式影响着管理行为（Tetlock 1992）。

真理、正义与美

建构经验故事和模型，是受过教育的组织观察者从经验中学习的一块主要工作。经验故事和模型，不仅因为声称准确表征超语言真理而具有真理价值（真理价值是主要的传统价值），而且因为创建社会秩序而具有正义价值、因为提供审美乐趣而具有美学价值。

真理价值

在通俗的诠释中，智慧行动要求准确理解世界，而准确理解世界要求准确诠释经验。只要经验故事的主题正确刻画或者创造了世界，故事就会对行动提供有用的指导。诸如"深层现实""准确诠释""正确描绘"之类的词语，是社会建构学家的常用语，但是，对大多数人而言，这些词语只会用在有关学习的讨论中。

尽管很多人相信，组织或者学校原则上可以发展出正确表征组织生活深层现实的故事和模型（Argyris ans Shon 1978；Nonaka and Takeuchi 1995），但是故事和模型建造流程本身不能为效度提供什么保证。这并非主要因为人类学习者的无能，而是主要因为故事和模型所要反映的深层现实很难从日常经验中挖掘出来，即使有最好的观察工具和推断工具。世界太复杂，而经验太贫乏。例如，商学院用商业案例教学生，让学生从模拟经验中学习，并让学生用现成框架诠释模拟经验中的事件，这些现成框架主要来自经济学，但有的也来自组织研究、会计财务、运筹研究、市场营销或者其他领域。这种练习很可能有用，但是很难说学

笔记栏

总结栏

生讲述的诠释性故事确实蕴含在那些事件之中。

类似的，早期对组织研究做出贡献的颇受尊敬的学者，也用故事诠释观察经验。例如，阿贝格伦（Abegglen 1956）研究日本工厂之时，古尔德纳（Gouldner 1954）研究工业领域官僚主义之时，罗斯里斯伯格（Roethlisberger）和迪克逊（Dickson 1939）以及沃克（Walker）和格斯特（Guest）研究工人小组之时，怀特（Whyte 1955）研究街头组织之时，塞兹尼克（Selznick 1949）研究合作之时，卡夫曼（Kaufman 1960）研究护林员之时，他们做的这些研究，以及其他很多诸如此类的研究，一直是组织学者非常重要的思想源泉，尽管很难看出组织学者提出的思想确实蕴含在这些研究描述的事件之中。确实，有些比较擅长此道的学者，拒绝明确地诠释自己的思想，而是留待别人挖掘其中的意义（Chekhov 1979；Krieger 1979）。

人们往往深深相信、广泛分享来自经验的故事，但是相信的深度、分享的广度都不能肯定地保证故事的效度。此外，人们对经验的理解往往是相互冲突的，

总结栏

广泛分享的信念也受到广泛的挑战。同一时代的人总是就发生了什么、为什么发生争论不休。有关经验启示的信念往往受到政治和语言边界的限制。殖民历史，在殖民国家的讲述中与在被殖民国家的讲述中是不一样的。人们写回忆录或自传，力求影响对历史事件的诠释，但是不同人写的回忆录或自传对同一历史事件有不同的描述。正如经常观察到的那样，历史是胜者书写的。特别是，记载中的历史是对（或者由）获胜的领导者讲述的。结果，历史往往是有关领导者行动和意愿的故事，而且往往是对伟大英雄的歌功颂德。

尽管通俗的理解往往会持续一段时间，但是"历史诠释不随时间而变化"的说法并不符合历史的历史。有关历史经验的信念会渐渐变化，部分是对新的信息做出响应，部分是对新的诠释性观点做出响应。随着统治阶级偏见的变化，历史故事反映着不断变化的政治正确性：清教徒的恪守传统从坚定不移的象征变成顽固不化的象征；土著美国人从野蛮人变成拓荒者。

在著名寓言《皇帝的新衣》中，汉斯·克里斯蒂

笔记栏

总结栏

安·安徒生（Hans Christian Andersen 1837）提醒读者，人们会睁着眼睛说瞎话到多么严重的地步。然而，《皇帝的新衣》这个故事具有潜在的误导性。故事讲述者明明白白指出了，实际上，皇帝什么也没穿。故事讲述者请读者看的是：社会大众有时会罔顾事实，滑稽地支持一个显而易见的谎言，直到一个没有完全社会化的、天真无邪的小孩说出大实话。因此，故事的读者知道真相为何，也看到了社会舆论的威力和盲目从众的危险。

在现实生活中，比较典型的情况是，真相是模糊的。人们口中所谓的真相，不过是大多数人的共同看法。这种情况的问题比上面提到的《皇帝的新衣》更为严重。在世人普遍认为世界是圆的时候，如果亲身经验告诉我们世界好像是平的，那么我们要怎么办？在世人普遍认为吸烟有害健康的时候，如果亲身经验告诉我们吸烟似乎让我们觉得好受了一些，那么我们要怎么办？

就像没看过某部浪漫喜剧的电影系学生可以具体

总结栏

说出其中的大部分情节一样，根本不了解某个事件具体细节的故事讲述者也能围绕该事件写出故事的大致框架。确实，有人认为，故事和模型之所以具有存在的价值，原因就是故事讲述和模型建造所依据的永恒框架，比当代任何观察都更接近真相。公认的故事或模型框架比我们的直接经验更准确地反映真相吗？这可能吗？加姆巴蒂斯达·维科（Giambattista Vico）（［1975］1961；Bitney 1969）认为，神话抓住了历史的要素，去掉了不相干的噪声。类似的，还有人认为，对很多不完整的、有错误的诺基亚崛起故事进行元分析，就可以产生一个有效的故事（Lamberg, Laukia, and Ojala 2008）。凯瑟琳·马奇（Kathryn March）报告说，塔芒族女子讲述的有关其人生经历的故事"是史诗，因为她们的讲述，比任何一个讲述都大，甚至比所有可能的讲述加起来都大，她们超越了自己，她们的故事充满引申含义，这些引申含义，表面上看在故事之外，实际上是故事不可分割的一部分"（2002, 12）。

笔记栏

总结栏

笔记栏

　　同样，经济学教授向经济学学生保证，尽管直接经验有时似乎并不符合教材中的经济学模型，但是问题更可能出在他们的观察或诠释上，而不是出在模型本身。

　　以上断言颇具教育性，也唤醒了我们儿时的记忆：物理实验课上得到的结果不好，说明我们的实验技术不合格，而不是理论有错误。然而，以上论断既难进行实证效验，也难从公认假定推导出来。以上断言隐含着某种"中央极限定理（central limit theorem）"：反映在典型故事之公认框架中的经验汇集，会减弱对直接经验的诠释造成干扰的随机噪声。然而，要推导出这一结论，需要很多很多的假定，还需要这些假定非常非常地可信。

　　至少，表面上看，除了在一些可以反复练习积累经验的狭小领域之外，根据广大学者公认的有效标准来判断，日常经验（观察）好似不会产生多少确实有效的启示。1888 年 5 月 30 日，安东·契诃夫（Anton Chekhov）在给出版商苏沃林（A. S. Suvorin）的一封

总结栏

信中写道：

　　作家，特别是艺术家，是时候承认，我们无法弄清这个世界上的任何事情，正如苏格拉底（Socrates）曾经承认以及伏尔泰（Voltaire）一直承认的那样。公众自以为知道并了解一切事情；越傻的人似乎越容易说自己无所不知。然而，如果一位深受公众信任的艺术家决定发表声明说他一点儿都不了解自己见到的事情，那么在思想王国，这种声明本身就具有重大意义，是一个巨大的进步（Chekhov 1979，270）。

　　有人曾建议，统计模型建造者要有类似的谦虚。实际上，模型越通用（即可以引申出的关系模式和函数形式越多），就越有可能"拟合"系统中的噪声，结果就是拟合度高但预测力差。面对偏差-方差困境（bias-variance dilemma）（Geman, Bienenstock and Doursat 1992；Gigerenzer and Brighton 2009），模型建造者必须选择是建造复杂模型犯过度拟合错误还是建造

总结栏

简单模型犯过度简化错误。

一方面，高智学习者要保持谦虚；另一方面，听众要对他们的故事和模型持怀疑态度，除了这两个看似显然合理的办法外，还有其他办法吗？我们凭直觉接受某些故事，认为它们反映了真相，我们凭直觉拒绝某些故事，认为它们曲解了真相，我们的这种做法，除了归结为个人偏见或社会偏见以外，还能归结为其他什么东西吗？我们（或者应该）根据什么标准判断这个故事比那个故事更可信？经常有人说，诸如威廉·莎士比亚、亨利·易卜生或安东·契诃夫之类的剧作家揭露了有关人类境况和人类行为的重要真相（O'Connor 2008）。确实，这些剧作家有时被人用来教导管理者或者那些立志成为管理者的人（Gagliardi and Czarniawska 2006）。例如，有人曾借易卜生的剧作提出"强大的理想唆使人提供伪证"的观点，并且用它论证这样的机制在当代组织中起作用（March 2008，第20章）。有人曾用威廉·叶慈（William Yeats）的诗作论证管理辞令要求果断、确定和清晰，而现实生活充满怀疑、悖论和矛盾（March 2008，第19章）。有人曾用博弈理论和垃圾桶理论诠释商业公司的战略行为（Gibbons 1992；2003）。这样的观察符合我们的理解因此值得相信，么说意味着什么？我们如何判断它们是否是真的？

小说家、剧作家、艺术家和社会科学家都声称自己的故事或模型反映了真相，即符合大多数人对经验本质的理解。有些人会说，两群人的不同之处在于，是否愿意认为：除了自己以外，还有很多人也在努力发现真相，因此自己的故事或模型原则上是可以用证据证伪的（Kuhn 1962）。这个差异很重要，然而，尽管存在这一差异，但是两群人在根本上还是类似的。小说家的故事、社会科学家的故事，都要接受是否可信的评判，对小说家故事的可信度评价、对社会科学家故事的可信度评价，似乎不太可能有多大的不同。

我们如何评价契诃夫所讲故事的可信度？评价方式与评价威克所讲故事可信度的方式不同吗？可信性与艺术性截然不同吗？与讲述技巧呢？什么是经验数

总结栏

据，计算可信度时如何参考经验数据？可信度可以与兴趣和意识形态分离开来吗？与熟悉度呢？本书的目的不是假装解决这些问题。尽管人们付出了不懈的努力去解决这些问题，但是这些问题好像没有丝毫的解决迹象。本书的目的是指出，人们永远不可能达成共识说：组织研究所提故事和模型的可信度高于（或者低于）小说家，或剧作家所讲故事的可信度更高。

为了开发一项评价故事和模型可信度的技术，也许有必要明确地认识到经验与现实之间的薄弱联系。当《奥拉》的作者卡洛斯·富恩特斯（Carlos Fuentes）、《百年孤独》的作者加布列·加西亚·马尔克斯（Gabriel García Mírquez）、《伊娃·露娜的故事》的作者伊莎贝尔·阿连德（Isabel Allende）描写亦真亦幻的世界之时，每个人都既在为小说家说话又在为社会科学家说话。两群人中的佼佼者都力求准确地反映现实，而且在这样做的时候认为，对把握难以捉摸的现实而言，想象与观察同样重要。

从小而丰富的样本中也许可能挖掘出更多有关深

层现实的东西，这一可能性激励着现代学者研究"假设历史（hypothetical history）"。这样的历史，要求运用观察经验和想象生成可能经验的分布。在这个过程中，从揣测中推导而出的可能现实被提到与观察现实几乎同等的地位（Tetlock 1999）。这个研究方向很有吸引力，但是我们很难令人信服地证明这种研究的效度，也很难为这种研究提出明确的、详尽的、标准化的方法论。

笔记栏

正义

故事和模型的真理价值似乎很难确定，但是经验故事并非仅仅揭示因果真相的工具。用来给经验加框的神话和主题，既依赖同时又促进被人视作理所当然的社会结构的发展。很多组织研究与其说是在努力正确反映现实（效度），不如说是在努力达成共识（信度）。

共识是人类行动者交流对话的基础。通过交流对话，行动者可以分享经验、形成共感；交流对话允许

总结栏

89

笔记栏

行动者更加容易地协调彼此的行动, 有助于行动者形成并实施正义的社会规范 (Bartel and Garud 2009)。在古典组织理论的语言中, 故事和模型是用来吸收不确定性的工具 (March and Simon 1958, 164—166)。故事和模型允许行动者在可以理解的故事下行动, 而非在不可理解的现实下行动。讲述群体历史的众多故事应该趋同, 这一点尤其重要。本着那一精神, 本尼迪克特·安德森 (Benedict Anderson 1991) 主张, 民族感涉及对一个想象共同体的理解, 这个想象共同体以建构历史为基础, 建构历史的制造过程, 明智地结合了健忘、发明和诠释。

对创建可行的正义的社会制度而言, 这样的理解也很重要。正义是很难定义也很难实现的目标。它要求人们对公正的要素以及个人和社会的责任达成广泛的共识。高智学习产生的故事和模型, 是获得这种共识的工具。它们促进信念的社会趋同, 提高个人和社会对智慧的信心。

与此同时, 故事讲述为社会认可提供基础。能够

总结栏

讲述可分享的、有趣的经验故事，是智慧的一个重要标志，对组织参与者而言如此，对学者而言亦如此。能够讲述令人信服的、高智的经验故事，是优秀管理者、优秀研究者和优秀顾问的标志。培养这种能力，是组织的一项主要责任。本着那种精神，约翰·斯图亚特·米尔（John Stuart Mill）写道："任何一种形式的政府，能够具有的最大优点就是，发扬国民的美德和智慧；判断一个政府是好是坏，首先要看的就是它能否发扬国民的美德和智慧。"（[1861] 1962，32）因此，组织生活的一个重要特征就是，寻找具有最大可理解复杂性的故事和模型，并且努力培养能够阐述这样的故事和模型的人。

美

英国国教徒一直在烦恼：金·詹姆斯（King James）翻译的《圣经》，语言很美，但有错误，要不要继续用下去。犹太教徒、伊斯兰教徒和基督教徒一直在争论：《圣经》里面的叙述，具有多少历史准确性。

笔记栏

总结栏

这些事情提醒着我们：美的不一定真，真的不一定美。济慈（Keats）说过"美就是真，真就是美"，这个观点很迷人，但并不好证明。有一点似乎显而易见，在日常生活中，很多真实反映人类存在的事情远远称不上美丽，很多美丽的事情并不真实。

美、真理和正义是相互独立的美德，但是美学价值并不比真理价值和正义价值小。对学术而言，美学价值、真理价值和正义价值是三位一体的，没有主次之分（Lave and March 1975）。没有什么比组织故事更强调独立自主的重要性。能够用美丽的故事讲述组织生活，就是赋予组织生活以价值。想法就是艺术品（March 2008，第1章）。

这一点在那些优秀的组织故事和模型中体现得淋漓尽致。当约翰·帕吉特（John Padgett）及其同事描述佛罗伦萨政治和经济组织的起源（Padgett and Ansell 1993；Padgett and McLean 2006），当威克（1996）描述消防队员对危机的反应，当史蒂文·巴利（Steven Barley 1986）描述CAT技术员如何理解机器，当查尔斯·佩罗（Charles Perrow 1984）描述引发事故的各种相互作用，故事是美的。当哈里森·怀特（Harrison White 1970）描述空缺链，当艾伯特·赫希曼（Albert Hirschman 1970）描述退出、呼吁与忠诚权衡，当托马斯·谢林（Thomas Schelling 1978）描述微观动机和宏观行为，当威廉·费勒（William Feller 1968）描述随机过程，模型是美的。美既不是偶然的也不是必然的。美是精心制造出来的，不能轻易地复制。

即使是随便浏览一下人类文明史也会发现，制造并欣赏提供审美乐趣的事物，是智慧的重要目标。尼采把历史学家的工作说成是"在老主题上翻新花样，把流行小调提升成普世象征，并且证明其中存在一个深奥的、强大的、美丽的世界"（1957，37—38）。对于那些想通过故事和模型从经验中挖掘启示的人来说，这个工作说明还不错。

笔记栏

总结栏

第 4 章

产生新事物

尽管还有很多问题悬而未决，但是适应理论把与老想法、老实务、老形式或老产品生存繁衍过程有关的效率和意外处理得相当好（Cyert and March 1963；March 1988，第 8 章；1994；1999a，第 15 章；Nelson and Winter 1982；Hannan and Freeman 1989；Cohen and Sproull 1996；March, Schulz, and Zhou 2000；Hodgkinson and Starbuck 2008）。适应理论对创造、利用并保护新想法、新实务、新形式或新产品免遭淘汰的探索过程处理得不太好（Becker, Knudsen, and March 2006）。后面这个过程以及有关这一过程的理念构成了新事物理论的雏形，是本章的讨论焦点。

在正式讨论之前，有两点需要提醒一下读者。第

总结栏

一，新事物理论主要处理对整体而言的新事物，而不是对局部而言的新事物。新事物理论集中关注的新属性或新实务，整个组织群都不熟悉，而不是仅仅哪个组织不熟悉。事物传播理论对理解组织创新与适应必不可少，但是与新事物产生理论多多少少有所不同。特别是，局部创新的一个主要特征就是创新者孤陋寡闻。对初尝云雨的人而言，所有房中术都是令人兴奋的新发现，不管其他人对这些房中术有多么熟悉。同样，与初做学问的人相比，经验丰富的学者不大可能宣称自己的东西是原创。

第二，新事物研究和创造力研究有时把新事物和创造物混为一谈。新事物是偏离成规定见的事物，而创造物是后来被判定为成功的新事物。新事物是创造物的必要非充分条件。因此，很多带来新事物的个人属性和社会属性也会带来创造物，但是新事物理论不关注新事物被判定为创造物的社会过程和竞争过程中出现的问题。

另外，本章把两个假定看成多多少少是不证自明的。第一个假定是，大多数新想法是坏想法，也就是后来会被判定为失败，只有少数几个新想法最后会成功。第二个假定是，没有可靠的方法预测哪个新想法会成功。少数几个最终会被判定为创意的新想法与大多数最终不会被判定为创意的新想法是区分不开的，除非经过很长一段时间的考验。新事物的这两个特点对理解与新事物有关的问题至关重要。

适应是新事物的敌人

社会心理学研究有个著名命题：人类容易形成习惯思维和习惯做法，因此对新事物怀有敌意（Lord, Ross, and Lepper 1979；Nickerson 1998）。这也是从经验中学习的特点。正如我们在第 2 章中看到的那样，复制成功导致选择趋于稳定，这就造成新规则、新程序、新形式和新想法不受环境待见。为什么呢？一个原因是，新事物风险较大。新事物的结果分布，平均值低、方差高；新事物往往要求练习；新事物的回报，

笔记栏

总结栏

往往在时间上延迟，在空间上分散。另外一个原因是，复制成功往往会（也许因为偶然）找到一个令人满意的选项然后坚持这个选项，特别是如果选项要求练习才能实现潜力的话。复制成功可以降低"想捞回损失反赔上老本"的可能性，但是复制成功也意味着永久砍掉初始结果不好的选项。

类似的，正如第3章指出的那样，通过建构故事和模型而学习，对新生事物也有潜在威胁。故事和模型是用熟悉的方式把熟悉的要素连接在一起而创造出来的。故事和模型框架具有熟悉性和灵活性，这让故事和模型得以长久存在，同时也为新经验或新框架制造了障碍。新事物几乎体验不了，因为新事物往往是用旧框架编码成故事和模型的，这样就很难从中挖掘新启示，就像用旧瓶装新酒就很难品出新滋味一样。新事物的呈现形式让人不能从中挖掘新启示。就像太阳底下无新事一样，故事和模型之中无新启示。用熟悉的主题建构故事和模型，有助于从经验中理解并吸收启示，但也会抑制新主题和新诠释。能够长久存在

总结栏

的新事物主要是那些可以轻易整合进老故事和老模型的新事物，而老故事和老模型往往排斥极端异常的新事物（March 1992）。

因为对经验的适应具有这些特点，所以有关适应的研究和有关技术变革、组织变革或知识变革的文献有一个比较常见的主题：不被适应过程接纳的新事物（Garud，Nayyar，and Shapira 1997；Van de Ven 1999）。新的、异常的想法很有可能是坏想法（Simonton 1999；Sutton 2002），任何组织，如果普遍倾向于发明、繁殖新想法，都很有可能招致灾难。此外，即使是好想法，短期之内或局部的结果也有可能是坏的，因此不能坚持足够长的时间展现潜在价值。

会带来大量负面结果和少量正面结果，而且大部分正面结果在时间上延迟、在空间上分散的选项，是适应过程的重点淘汰对象，即使从期望值来看这个选项应该生存下去（Denrell and March 2001；Denrell 2007）。这部分是因为适应，正如我们通常观察并建模的那样，是短视的。适应对回报在时间上延迟或在空间上偏离本地的选项相对不敏感（Levinthal and March 1993；Levinthal and Posen 2008）。适应的这一特征，是延迟满足（自我控制）和奉献满足（利他主义）问题的根本所在，也是与新事物有关的问题的根本所在。

适应倾向于消灭变异，而模仿会加强这一倾向。复制成功的一个重要机制是模仿（Strang and Soule 1998）。因为模仿，所以实务传遍互有联系的个人和组织，在传播过程中，个人和组织的属性是可见的（DiMaggio and Poweel 1983；Djelic 1998）。实务的繁殖并不容易，存在很多难以逾越的困难，因此实务不能在互有联系的组织间无限制地传播（Czarniawska and Sevon 1996，2005）；尽管如此，实务在互有联系的组织间传播，还是会造成严重趋同和变异减少，特别是展现出某个属性的组织越多，那个属性被模仿的可能性就越大（Singh，Tucker，and House 1986；Carroll and Hannan 1989；Hannan 1998）。

简而言之，开发赶尽探索（March and Simons 1958，185；Holland 1975；March 1999c，第7章）。精

练和模仿过程要想存活下去，似乎就要消灭产生新事
物及其鼻祖的过程；面对精练和模仿过程的封杀，产
生新事物和异质性的过程如何存活下去？新事物理论
似乎必须回答这一问题（Van de Ven 1999；Nooteboom
2000）。

新事物之谜

在适应过程面前，新事物不堪一击。然而，新想
法及其带来的变化，还有程序、实务和形式的异质性，
是现代组织经验的显著方面。尽管组织学者经常把组
织描述成抵制新事物、容易因为模仿而变得千篇一律
的样子，但是，随便找一家组织，拿它现在的样子与
50 年前的样子比较一下，就会发现很大的不同，而且，
同一时代的不同组织，彼此之间也存在很大的差别
（Hoopes and Madsen 2008）。组织往往很难朝预设的方
向改变，因此，组织变革家对"变革难"的抱怨无疑
是有道理的。然而，组织经常发生变化（March 1999c，

笔记栏

总结栏

第8章），变革建议更常被人提出。提议变革的声音恢宏响亮、从未间断。

尽管并非所有的变革都涉及引入新想法，但是新事物是十分常见的。不合常规的行为和实务一直在源源不断地出现。大多数新想法被迅速而明智地消灭掉了，但是出于某种原因，新事物还是源源不断地出现。在不断进化的宇宙中，不断进化的人类的最终命运也许是——在某种意义上——没有新事物的存在，但是适应过程似乎会在消灭新事物之前就早早地消灭人类。从很多方面来说，新事物的出现是势不可挡的。

适应过程为什么并未消灭愚蠢、好奇、异端和新事物产生过程？这是一个谜。新事物产生机制——不管到底为何——是如何生存繁衍的（Dosi 1988；Dosi，Marengo，Bassanini，and Valente 1999；Gigerenzer 2000；Olsen 2009）？如果大多数新实务、新产品或新想法几乎没有成功机会——这一点似乎近似公理——那么新事物产生机制依靠什么生存下去？

有人也许认为，新事物产生机制尽管短期、局部结果差，但是对长期、整体适应有用，所以能够存活下来。这种构想的一个版本是，人类有机体先天就会在好奇心（或者其他经过数千代进化形成的类似属性）的驱动下培育新事物。然而，这样的构想更像一个公开宣称的信仰，而非一个可以证实的现象。而且，适应学者一般不愿假定适应具有神奇魔力，他们更愿弄清适应的具体过程。

在有些情境下，对局部而言是次优的属性，却有利于长期生存或整体生存；在有些情境下，有利于长期生存的属性，比如新事物或多样性，却会让短期生存困难重重或者根本不可能，而允许短期生存的属性却会损害长期生存。如何既满足短期生存要求又满足长期生存要求？这一问题没有定解，其中到底涉及什么机制需要进一步研究加以确认。

在形成与实施新想法的过程中，无疑要用到已有知识，这让以上问题变得更加复杂。很多创造力研究发现，构思过程与实施过程之间存在创造性冲突，这些研究还认识到探索与开发必须并驾齐驱，单单哪一

笔记栏

总结栏

个都是不够的。然而，经常有人认为，探索与开发的演化方式必须是探索与开发之比起初要高，后来要越变越低，在任何一个项目中都是如此。通常的担忧是探索与开发之比倾向于过快降低，新想法因此过快被标准化。

理解新事物的两条理论思路

新事物是组织生活的显著特征，因此，不管什么观点，只要简单地认为所有适应效益（编码成了知识）和适应过程无一例外都不利于新想法的产生或者新想法产生机制的繁殖，那就十有八九是片面的。为了理解新想法如何在似乎很有可能灭绝新想法的适应机制面前存活下去，适应学者沿着两大思路发展理论，每条思路都带来了有用的见解，但都没带来令人十分满意的答案。

适应结合

第一条思路假定存在某种过程，老元素相互结合产生新元素。进化生物学中的经典例子是，有性繁殖产生基因结合体。组织研究中的经典例子是，规则、程序或实务从一个地方传播到另外一个地方，与那个地方已有的规则、程序或实务互相结合（Czarniawska and Sevon 1996，2005；Zbaracki 1998）。多年以来，很多优秀学者一直在寻找组织程序结合理论。结合思想的鼻祖可以在经济学（Schumpeter 1934）、心理学（Hebb 1949）和政治学（Deutsch 1963）中找到。

当代有很多学者为结合学说做出了贡献（Padgett and Ansell 1983；Feldman 1989，2000；Pentland and Rueter 1994；Romer 1994；Pentland 1995；Cohen and Sproull 1996；Czarniawska and Joerges 1996；Weitzman 1998；Giboa and Schmeidler 2001；Feldman and Pentland 2003；Nooteboom 2000；Padgett, Lee, and Collier 2003；Gavetti, Levinthal, and Rivkin 2005；Obstfeld 2005；Padgett and Mclean 2006；Becker, Knudsen, and

总结栏

March 2006；Gavetti and Warglien 2007；Page 2007；Svejenova，Mazza，and Planellas 2007；Nooteboom and Stam 2008）。

遗传学、语言学、文学理论、烹饪学、化学、神经网络学也在寻找结合理论，得到了一些不是定论但有启发性的结果。经典问题是，特别是在组织新事物理论中，具体指出涉及哪些基本元素、结合法则，还要具体指出结合法则如何演化。尽管有人用各种有趣的方式勾勒出这种理论的雏形，但是以上问题没有得到令人完全满意的解决。目前为止，还没有像遗传法则那样详尽的组织程序结合理论。

适应低效

新事物理论的第二条思路，起点是一个内隐的假设：适应过程是想消灭错误源，但是这样做的效率并不高。随便观察一下人类生活就会发现，现有的各种适应机制远远称不上完美。现代社会秩序是十分有效的社会控制系统，但是总会遇到与之对抗的越轨行动者，而并非所有越轨行动者都会被关进监狱或者精神病院。市场机制，特别是金融市场机制，是高效的适应机制，但也有低效的成分。博彩业繁荣昌盛，说明人类有能力做出让财富积累前景变暗的投资选择。

前面说过，组织学者非常感兴趣的一个问题是，为什么在某公司带来成功的做法被搬到其他公司后并不一定能带来成功？组织学者同样非常感兴趣的另外一个问题是，为什么组织管理者倾向于既不关注已知之物又不关注有证据显示即将出现的新事物（Pfeffer and Sutton 2006；Gary，Dosi，and Lovallo 2008）。对这种表面上的适应不良的一个常见解释强调，相对于环境变化速度而言，适应过程是比较缓慢的，但是这样的解释有一个缺陷：不能具体指出适应过程允许环境以多快速度变化。

至少乍看之下，在叫得出名的那些适应机制之下，新事物之所以存活，好像不是因为新事物具有天择优势，而是因为那些适应机制改进已知之物的效率低下，进而消灭新事物的效率低下。速度慢，易出错，

笔记栏

总结栏

笔记栏

很难实现统一和连贯。结果，在组织之中，延续与变化这对矛盾纠缠紧密（Olsen 2009）。例如，在组织背景下，人力资源政策留下表面成功的管理者、解雇表面失败的管理者，乍看似乎对提高组织与环境的匹配度有用；然而，系统而言，人力资源政策也会留下比较无能的管理者、解雇比较能干的管理者，进而既容忍愚蠢的新事物又降低长期匹配度（March and March 1977；Levinthal 1991；Denrell and Fang 2007）。

笼统标签

谈论适应低效的一种通俗做法就是给解释不了的不合常规的现象贴上笼统标签：愚蠢？疯狂？意外？天才？反常？不能消减的噪声？进化学中最显而易见的例子是突变概念，这是为基因繁殖中的不合常规的现象贴上的标签。贴这样的标签，并不是十分愚蠢的解决办法。大多数自然过程或对自然过程的理解会展现一些解释不了的变异，几乎每个知识领域都为其解释不了的变异贴标签：人格、权力、领导力、文化。

总结栏

既然社会科学中解释不了的变异一般都很大（就像适应理论中的一样），那么只要贴上这样的标签，不对标签指代的概念做出诠释，就能解释很大一部分变异（Lave and Mach 1975）。

贴这样的标签，是学者的最后一招。这种做法的存在价值就是，刺激学术发展，进而让人们少使用这样的标签。例如，几年前，"风险偏好"被人引入选择理论，作为金钱效用曲线的任何非线性特征的笼统标签。之后，大量试图解密金钱效用非线性特征的研究纷纷涌现，其中有些研究因为"风险偏好"这个标签而显得混乱，但是总体来说，这些研究带来了很多有价值的发现（March and Shapira 1987，1992；March 1999c，第 15 章；Denrell 2007，2008）。

新事物生成机制的存活

不给新事物贴笼统标签，就要尽力明确具体是什么过程在产生不可避免但可以预测的适应错误。例如，

笔记栏

总结栏

笔记栏

我们可以构想一个知识衰退理论。我们可以假定，知识通过适应而积累，储存在图书馆、基因、规则和记忆中。知识通过更迭、遗忘和错误归档而丢失，这样，不管什么时候都有很大程度的无知。有的东西，以前知道，现在不知道。另外，知识还通过其不完全可及性而丢失。有的东西，这个地方知道，那个地方不知道（Jeppesen and Lakhani 2009）。

无知，不管是适应滞后还是知识衰退或者是不能获取分布式知识引起的，一般更可能带来灾难而非有用的发现（Polanyi 1963）。这就是在力求打造整合全、效率高的知识系统时要小心谨慎的原因之一（Burt 1987）。不管是知识衰退理论，还是分布式知识可及性理论，只要阐述得当，几乎肯定会促进对组织新事物的理解。

新事物作为越轨

新事物的一个显著特征就是，不合常规，因此，新事物理论也许可以借鉴更为一般的越轨理论

总结栏

（Amabile 1983；Wells et al. 2006）。越轨理论的一个版本强调一个揣测：创造中的越轨也许和偏离神智或者偏离社会规范的越轨具有很多重要的共同点。根据这一揣测，造就天才的因素应该在很大程度上与造就罪犯的因素重叠。结果，只要把解释焦点放在个体水平上，新事物理论就很有可能与越轨理论有很多共同点。有个假定很诱人，那就是，创造物（即最后被判定为成功的新事物）不过是从愚蠢总体中随机抽取的个体，因此，在个体水平上，影响创造行为的主要非随机因素也是影响越轨行为的因素。

　　至少自涂尔干（Durkheim 1973）以来，社会学越轨理论就一直在强调，越轨的产生与个体水平的因素无关，而与社会的特征有关。在社会学越轨理论看来，犯罪与性别、种族和年龄等个体属性的强相关，是由社会结构的性质造成的：越轨源自与周密完善的社会制度和社会规范的分裂。与社会制度疏离或隔离，其出现和持续可归因于敌对文化的发展和异常社会群体的成员身份（Becker 1963；Spergel 1964）、文化定型

笔记栏

总结栏

（Said 1978）、学习（Bandura 1977）。少年犯的离经叛道是由与社会制度、社会规范和社会控制的关系不良造成的（Becker 1984），企业资本家的离经叛道亦是如此。

然而，为了让越轨理论对新事物理论做出贡献，需要解释越轨是如何嵌入适应系统的，还需要解释适应的低效性是如何内生于其制造成功的能力的。这是认识动物有性繁殖的一种方式，也是认识事物在组织间传播的一种方式。有性繁殖一般会产出受环境接纳的基因结合，但有时也会产出特别出格的基因结合。这些基因结合，大部分会悲惨地失败，小部分最终会具有特别受环境接纳的属性。

类似的，模仿成功实务一般会加大存活机会，但是往往还会带来特别出格的转变。再次，这些转变，大部分会悲惨地失败，小部分最终会具有特别受环境接纳的属性（Zbaracki 1998；Czarniawska and Sevón 2005）。对于任意跨学科或跨文化交流而言，情况也是类似的（March 2008，第13章）。适应把新事物产生机

总结栏

114

制镶嵌在高效繁殖受环境接纳的属性的过程中，这样，新事物产生机制才得以保存下来。

笔记栏

组织适应如何制造产生新事物的条件

在组织中，高效适应通过三种方式制造有利于新事物产生的条件（想进一步了解这个问题，请看 Miner，Haunschild，and Schwab 2003）。第一个是，成功带来组织宽裕（organizational slack）以及与之相连的控制减弱，进而鼓励尝试、避免新想法早夭（Cyert and March 1963；Nohria and Gulati 1996；Greve 2003）。在创业型公司，资本过剩，宽裕出现，新想法早夭可能性减小（Levinthal 1991）。实际上，巨大成功，不管是开业之后经营方面的还是开业之前筹备方面的，会吸收失败的负面效应，减少对创新活动的严密监控。这些宽裕缓冲机制反映着未支配的资源（Deutsch 1963），而未支配的资源会鼓励人们追求未经经验的想法，而小部分未经经验的想法也许结果会被证明是特别好的想法（Winter 1971）。宽裕是由高效制造的，但

总结栏

115

是宽裕有助于保护愚蠢使其免遭消灭。新事物（大部分新事物都是愚蠢的）是宽裕的副产品，而宽裕是高效适应的副产品。

第二个有利于新事物产生的组织适应现象是，管理者狂妄自大（managerial hubris）。适应机制以比失败管理者更高的比例留下成功管理者。成功史导致管理者系统地高估创新活动的成功前景。在成功是能力和运气联合产物的情况下把成功归因于能力，成功的管理者就会渐渐相信自己有能力在未来反败为胜，就像过去表明的那样。管理者的这种狂妄自大会导致他们（进而他们的组织）过分支持有风险的新想法（March and Shapira 1987；Kahneman and Lovallo 1993）。新事物是管理者狂妄自大的副产品，而管理者狂妄自大是高效选拔管理者的副产品。

第三个有利于新事物产生的组织适应现象是，对新想法过度乐观（overly Optimistic hopes for novel ideas）。系统而言，在一个竞相承诺的世界，获胜的项目是那些希望压倒现实的项目（Wilson 1977；Harrison

笔记栏

and March 1984；Thaler 1988）。新想法因为不大为人了解，所以特别容易从这种过度乐观中获益。基于未来期望的竞择待见乐观偏见，而乐观偏见待见新事物，因为新事物的不确定性让新事物更容易陷入乐观主义幻想。美国一参与间谍卫星系统资金管理的政府要员指出，1977—2002 年，美国政府的 18 个公开招标宇航项目中，有 16 个落入新玩家手中。他解释说，这是无知和狡猾共同造成的："你作为老玩家，十有八九会写出一份贴近实际的建议书，因为你做过，你了解，既然以前的项目很成功，那就仿照以前的项目写建议书吧。你的竞争对手，出于无知或者狡猾，会创造出一份几乎没有任何底子的建议书（Taubman 2007）。"

组织宽裕、管理者狂妄自大和对新想法过度乐观的深层机制是所有让适应具有有效性的东西。它们反映并支持成功，与此同时又有利于新事物的产生，即使新事物平均而言是坏的。这些明显的悖论让人不禁揣测，适应过程也许还有其他方法帮助供养而非消灭新事物产生机制。

笔记栏

总结栏

117

例如，想想智慧和知识是如何蕴藏在可繁殖的适应错误中的（March 2008，第8章）。一方面，智慧和知识似乎更有可能消灭而非供养新事物。新想法、新程序和新属性十有八九不合常规。通俗智慧一般认为，新想法、新程序和新属性劣于老想法、老程序和老属性。在绝大多数案例中，运用智慧拒绝新想法事后都被证明是明智的。这一事实导致人们更可能运用智慧和知识采取行动、评价新实务。人们运用智慧和知识尝到了甜头，于是学会了偏爱运用智慧和知识。因为智慧和知识把大多数新想法正确判定为坏想法，所以经常被人说成既是竞争优势的主要来源、变革和经济增长的主要引擎（Winter 1987；Hatchuel and Weil 1995；Loasby 1999），又是创造力的主要扼杀者（Simonton 1999；March 2008，第8章）。

然而，智慧还有另一面，这一面也许可以叫作乌托邦智慧。因为迷恋理性智慧，于是迷恋抽象思维和模型产生的想法，信仰假设模型与现实情境的拟合，看好抽象思考产生的新事物。这种乌托邦智慧似乎是新想法的主要源泉，而且，乌托邦智慧引发剧变的案例比比皆是、有据可考。然而，正如可能预料的那样，这样的新发明，大多以灾难告终，就像空想家的结局一般都很悲惨一样。例如，想想乌托邦智慧在苏联及其东欧卫星国计划经济中的作用，在美国对越战争中的作用，在美国长期资本管理公司（Long-Term Capital Management）泡沫破灭中的作用。

从这些灾难中可以看出，连最粗糙的适应过程也理应灭绝乌托邦智慧的运用。那么，乌托邦智慧是如何在人类共同体中繁殖的？一个可能的答案（借自种群生物学）是搭乘（hitchhiking）（Hedrick 1982）。中性或有害属性因为与有益属性相连而存活。一个几乎总是失败的属性（乌托邦智慧）搭乘一个经常而且明显成功的属性（常规智慧）。

新事物产生机制因为搭乘常规效率而存活，这一理念对于解释适应过程如何供养新事物而言是有吸引力的，不过，这一理念没有指出搭乘的具体条件。乌托邦智慧与常规智慧到底有什么联系才出现搭乘？显

笔记栏

总结栏

119

而易见的（但并非特别有用的）答案是，两者在认知上、社会上紧密相连、无法轻易分开。两者共享很多基本元素，适应过程接纳其中一个必然导致适应过程接纳另一个。例如，两者在教育中紧密交织，因此成功使用这一个与成功使用那一个高度相关。

然而，用搭乘来解释，不过是提醒人们适应的低效性。直觉想法是，适应机制创造了一种新事物相互作用机制，在这种机制之下，新事物尽管容易导致灾难，但是可以逃过适应过程的封杀。要丰富那个直觉想法，就要做实证研究，密切考察新事物产生案例，弄清新事物如何在屡屡出错的情况下存活下来。说乌托邦智慧与常规智慧之间存在搭乘关系，只是对新事物相互作用机制进行非常粗略的说明；搭乘想法只比那个直觉想法多走了很小一步。

还存在其他什么联系，把组织的众多属性捆绑在一起，让它们的适应命运难解难分？历史的因果结构有一个显而易见的特征，那就是复杂性。要保证适应过程可靠地只复制优良属性，就要积累一定量的经验。随着捆绑在一起的属性之间的因果结构越来越复杂，这个经验量会越来越大，最后远远超过组织能够提供的经验量。在这样的条件下，与其说新事物是适应的怪胎，不如说新事物是适应的产品，而且，要解释为何新事物能逃过适应的封杀，就要解释为何适应具有内在的低效性。

　　问题就从"适应的低效性产生新事物，历史的因果复杂性供养适应的低效性"这个一般命题变成对各个机制进行更为精确的说明。这样的转变也许需要做两件相关的事情。第一件是实证研究——通过调查或实验反复观察一段时间，就像孟德尔做豌豆杂交实验一样。第二件是理论研究——形成一组精确的观念，来阐明观察到的现象，就像熊彼特（Schumpeterian）构想创新理论一样。两者相辅相成，谁缺了谁都走不长远，特别是，没有实证观察作为精确依据，就很难决定到底在多种多样可供借鉴的理论中选择哪一个。例如，有人主张，组织发展类似于语言发展，这一主张乍看是合理的。不过，这一主张之外，还有其他主

笔记栏

总结栏

121

笔记栏

张，比如组织发展类似于物种发展，或者组织发展类似于化学键结。不对各个主张进行精确的说明，也没有多起实证案例可供参考的话，就很难评价各个主张的相对合理性。

新事物工程学

组织工程师和社会工程师在寻找也许可以影响新事物存活率或者成功率的组织形式和政府流程（Nooteboom and Stam 2008）。一个显而易见的策略，也是工程师投入大量努力的一个策略，就是想办法从大量的新想法中尽早分辨出稀有的好想法。但是，相关证据表明，这个策略没有多大前途，特别是对极其不合常规的想法而言。后来让世人大大改变认识的新想法，一般最初是遭人诽谤的（Aronson 1977；David 1991）。为了从愚蠢中分辨出创造，人们一般使用因循标准，而这个标准更可能减少新事物而非净化新事物（留下好的、筛掉坏的）。美国网景公司（Netscape）创始人之

总结栏

一马克·安德森（Marc Andreessen）在一次访谈中说（Levy 2003）："根本变革始自离经叛道。引发根本变革的想法，必须最初在世人眼中是疯狂的。如果哪个想法看起来不错，那么一定有很多诸如微软之类的大公司已经在实施了。"（E10）

　　另外一个比较有前途的策略是，想办法在不损害好想法之收益的前提下降低尝试新想法的成本（Romano 2002；Holahan，Weil，and Wiener 2003）。组织工程学试图弄清，哪些形式的组织愚蠢，如果得到足够的保护，就会产生适量的新事物——请注意是适量的，因为很多形式的组织愚蠢，如果受到接纳，就会让组织充满很有可能是坏想法的新想法。然而，让组织不至于被尝试拖垮又不至于识别不出更谈不上实施偶尔的好想法，这样的组织结构或组织流程很难设计出来（Cohen and Levinthal 1989，1990）。一个经典的解决方案是限制新事物投资的"赌注大小"，其思路是，进行小规模试验粗略评价新想法的好坏，随后增加初步被判断为成功的新想法的投资，达到节约成本

笔记栏

总结栏

笔记栏

（包括避免与坏想法相连的损失）的目的（Brown and Eisenhardt 1995；McGrath 1999）。

这个限制探索赌注大小的策略获得了一些认可（Sitkin 1992；Bowman and Hurry 1993），也招致了一些怀疑（Adner and Levinthal 2004）。小规模试验转化成大规模实施，中间还是存在很多显而易见的困难，但是只要有可能转化，这个策略还是非常可行的。例如，在硅谷试验全盛期，创业型公司多如牛毛，硅谷高科技园碰巧找到（并非有意设计）了一种财务结构，这个财务结构，至少短期之内，似乎能把试验成本的影响与实现收益隔离开来，进而允许押到宝的投资者摘取胜利果实但不承担大量失败的全部成本。

其他策略包括把组织划分成多种多样的部门（比如，事业部）。例如，前面提到的结合学说有一个基本观点，制造一些五花八门的结合体，里面总有一个有用的（Mayr 1982；Potvin, Kraenzel, and Seutin 2001；Page 2007）。前面提到的趋同效应倾向于减弱组织中的多样性（Beecher-Monas 2007），而制造"隔

总结栏

离利基（secluded niches）"——诺特博姆（Nooteboom）（2000）提出的一个概念——的边界倾向于维持组织的多样性。可渗透边界及其造成的本位主义鼓励局部同质化、整体多元化，因此既能维持多样性又能保证足够的联系，以制造有用的结合体（Krackhardt and Kilduff 1990；Oberoi 1994；March 2008，第13章）。

组织的问题就是如何做到既维持足够强的本位主义，以供养多学科知识系统，又保证足够多的跨部门联系，以分享观念和事务（Burt 1987；Galunic and Rodan 1998；Rodan and Galunic 2004；Fang，Lee，and Schilling，2009）。最佳隔离程度很难指出，因为涉及跨时间、跨空间的权衡（March 1994，第6章）。这一问题的解决，不管使用什么方法，都要考虑联系技术和具体组织，正如当代有关"改变获取分布式知识的能力"这一做法有何优缺点的研究所证明的那样（Powell，Koput，and Smith-Doerr；Rodan 2008）。

早期有关加强不同知识库联系的实验，带来了一

笔记栏

总结栏

些了不起的发现，所发现的思想和实务，都是某个领域借鉴了另外一个原先与之隔离的领域（Jeppesen and Lakhani 2009）。然而，促进知识传播也许有一个副作用，那就是引入同质化，限制不同部门对不同想法的追求。在一定程度上，组织在集权与分权之间循环的历史就是一首歌，吟唱着"在边界的短期局部成本和长期整体收益之间寻找一个永久平衡"，这个工程是非常艰巨的。

第 5 章

经验的启示

笔记栏

　　组织从经验中学习，这既是一个重要的现象，又是一个庞大的产业。有很多商学院、出版商、出版物和顾问在向商业公司提建议，同时有很多商学院、出版商、出版物和顾问在专门研究公共部门的组织，而且，提建议和做研究的有很大一部分是重叠的。在某种程度上，那群人之所以事业兴旺，是因为他们把学习等同于改进，进而把"学习是个好东西"这个命题变成同义反复，但是他们就如何实现"学习型组织"——他们所说的"学习型组织"是指运用学习机制改进行动回报的组织——献计献策。他们提出的计策，有些来自研究，有些来自经验，有些来自分析，有些来自各种各样的个人想象。他们都力求为提高组

总结栏

织的适应能力提供思路。

以上努力反映了一个普遍的信念：组织需要提高理解并适应环境的能力（Argyris and Schon 1978；Etheredge 1985；Olsen and Peters 1996）。这样做的策略包括，利用由组织咨询师翻译和推广的管理和组织学术理论描述的各种学习机制，还包括，培养对直接经验做出智慧反应的能力。相关的一个信念是，如果未能通过经验增长智慧，那就是因为学习者犯了错误，这些错误是可以通过教育和培训加以纠正的。

前面几章为那些信念和努力进行了注解，选择性地探讨了从经验中学习的潜力、模糊性和问题的几个方面。冒着用几句话总结前面诸多讨论的危险，这里提出四个一般结论：

第一，组织以及组织中的人采取行动、观察行动结果并据此调整期望和理解，以寻求智慧。其学习既采用低智机制，即简单地复制成功的行动、程序或形式，也采用高智机制，即建构有关历史的理论、模型、故事。根据经验调整行为和理解是人类存在的一个显著方面。

第二，在可以反复练习积累经验的、相对独立的、相对狭小的领域，以上机制可以带来明显的改进。在这样的领域，通过反复练习获得的经验，往往会改进绩效，不过一般不会带来最优解，易犯尝试不足的错误，可推广性也有限。

第三，在因果关系复杂、练习机会较少的领域，经验不是好的老师，因为不能可靠地为绩效改进提供清晰的依据。然而，与公认故事或模型提供的神话主题相结合后，经验诠释可以促成共识、营造理解感、肯定人类智慧的重要性，有时还会提供少量审美情趣。

第四，一方面，从经验中学习，要想发挥长期效果，就要进行大量尝试；另一方面，从经验中学习，倾向于灭绝尝试。新事物容易受到有效学习的打击。然而，组织中确实不断有新事物出现，组织能够对新事物的出现和成长进行程度有限的策划。

笔记栏

总结栏

笔记栏

经验作为有用的老师

如果说从经验中学习就是根据经验调整行为和理解的话，那么毫无疑问，个人和组织经常从经验中学习。不那么毫无疑问的是，从经验中如此容易就挖出来的启示能否可靠地改进绩效或加大生存可能性。

在可以反复练习形成专门能力的、相对独立的、相对狭小的领域，经验是重要的智慧源泉。很多常见的重复性情境涉及具体的特殊知识，提供相对清晰的信号、相对低的噪声和相对大的样本——为有效的推断和明显的学习提供充分的信息。园丁学习了解植物的生长情况，如果不辅以来自系统实验的知识，直接经验知识就有可能充满迷信思想和半真半假的陈述，尽管如此，有经验的园丁知道的东西一般比没有经验的园丁多。

类似的，组织学习如何在自身所处的特殊背景下成功地运营。那种知识的应用范围和推广范围可能有限，但是代表了在狭小领域试误、模仿和天择的有用成果。几乎对所有专门化的人类活动而言，经验的效应都是正面的。然而，经验并非完美的老师。复制成

总结栏

功往往会带来改进，但并不是一个特别好的从众多选项中发现最佳选项的方法。

笔记栏

也许，证明体验式学习之价值的最有名的证据，来自所谓的学习曲线研究（Argote and Epple 1990；Argote 1999；Argote and Todorova 2007）。很多证据充分的研究表明，生产某种产品，单位成本随着累积生产量的增加（即随着经验的积累）而降低。小饰品工厂过去生产的小饰品越多，生产下个小饰品耗费的成本就越低。一个经典例子是，装配一架飞机所需的时间随着经验的积累而减少。同样，手术耗费时间的长短、手术带来并发症的数目都随着经验的累积而减速降低（Pisano，Bohmer，and Edmondson 2001；Reagans，Argote，and Brooks 2005）。

产品/手术不同、组织不同，改进速度就有很大的不同。组织有时也会随着时间的推移展现出与经验无关的改进，但是那些改进（也许可以归因于环境中的技术改进）往往较小。一般而言，单位成本随着经验的积累而降低（或者说，生产率随着经验的积累而提高）的现象相对比较容易观察到，但是，这个现象涉及什么参数相对不太容易提前预测到，具体是什么可

总结栏

经验的疆界

笔记栏

观察到的适应过程造成了这一现象也相对不太容易指出来，尽管如此，单位成本随着累积生产量的增加而降低的现象在很多行业的生产运营中都可以看到。

类似的，但证据没那么充分的是，建立和维护长期关系（例如，合作伙伴、上司/下属、供应商、竞争者），培养技术技能（例如，疏通水道、修理钟表）或者艺术技能（例如，弹琴、绘画），都涉及在熟能生巧的独立狭小领域反复练习。信号清晰，噪声低，样本大。合作伙伴通过长时间真诚合作积累相对可靠的声誉。练习往往改进技能绩效；一般而言，可以期待爱人、艺术家、水管工的表现随着经验的增长而改进。据传，伟大的钢琴家伊格纳斯·帕德里维斯基（Ignace Paderewski）（1919 年做过很短一段时间的波兰首相，期间签署《凡尔赛条约》）在维多利亚女王（Queen Victoria）称赞他为天才时回答说："也许，不过在那以前，我是个苦工。"

总结栏

经验作为不完美的老师

笔记栏

从经验中学习，尽管非常普遍，也屡屡成功，但是有很多限制其效果的问题。这些问题，主要是由经验的三个显著特征造成的。第一个是经验的鲜活性，第二个是启示的模糊性，第三个是诠释的灵活性。

经验的鲜活性

在个人和组织看来，直接经验特别鲜活（Fischhoff，1975）。直接经验的鲜活性导致学习者把来自直接经验的信息看得比来自其他渠道的信息重。个人和组织把直接经验看得比别人的经验重，理由是很充分的。例如，直接经验不需推广，就能与个人和组织扯上关系。然而，一方面，经验是那么鲜活；另一方面，经验又是那么不好诠释，所以从经验中学习特别容易出错。正如马克·吐温（Mark Twain）观察到的那样，一只偶然被热炉子烫过的猫绝不会再从任何炉子（不管是热的还是冷的）上方跳过，进而永远不会

总结栏

发现从冷炉子上方跳过是多么好玩。

　　意识到这一问题，并不一定就会怀疑体验式学习。把注意力局限在直接经验之上，有可能得到较好的判断；直接经验的表面启示，往往对人造成很大的震撼；后面这个震撼会降低前面那个可能性。例如，看看一位医生是如何形成对手术风险的估计的。他或她可以从别人发表的论文中、做出的报告中获得有关信息，也可以从自身的经验获得有关信息。既然一项手术的风险不仅和这项手术本身有关，还和实施这项手术的医生的技术水平有关，那么医生把自己的经验看得比其他人的经验重就是比较明智的做法。但是，直接经验的鲜活性往往会导致个体把直接经验看得过度重于很多个体的聚合经验。风险极小的情况下，只有经验非常丰富的医生才能积累足够大的经验样本以对聚合经验统计值进行修订。特别是小概率事件的出现次数分布是严重倾斜的，这会导致自身经验好于聚合经验平均值的医生大大多于自身经验差于聚合经验平均值的医生。

总结栏

直接经验在人事决策中也有类似的误导性
（Dawes，Faust，and Meehl 1989）。很多组织在招聘选
拔中经常使用个人陈述或者个人面谈等技术。系统而
言，这样的直接经验给人的震撼超过了提供的信息应
该有的样子，因此往往被赋予过高的权重。结果，个
人陈述，例如介绍自己的工作（job talk），更有可能降
低而非提高人事决策的有效性。不稳定的但比较震撼
的直接印象压倒了用比较系统的、比较有效的但较不
震撼的方式收集而来的信息（Dawes，Faust，and
Meehl 1989）。

笔记栏

启示的模糊性

经验必须转化成启示，这个转化既困难又没有止
境。正如西蒙·波伏娃（Simon de Beauvoir）观察到的
那样："宣称存在是荒谬的，就是否认可以对存在赋予
意义；说存在是模糊的，就是宣称存在的意义永远无
法确定、人类必须一直为存在争取意义"（［1948］
1980，129）。发生了什么，往往是很难知道的，但有

总结栏

时是可以知道的。知道一个事件为什么发生，进而能够从经验中挖掘启示，涉及在容易引发争论和错误的情境下形成或明或暗的因果推断。

经验的模糊性，原因有很多，表现形式也有很多。不过，经验的模糊性大体上可以总结为以下五点：

第一，经验的因果结构是复杂的（complex）。很多变量是不可控的，变量之间可能存在多重交互作用或者多重共线关系，有的变量两两互为因果，有的变量存在时滞变异，变量关系的函数形式有很多是未知的。因此，因果结构很难厘清，行动效应很难确认。例如，人们在根据组织经验做推断时，非常容易把结果（特别是有利结果）归因于组织的行动，而实际上，大的经济或政治环境、其他组织的行动以及很多其他的不可控因素也许对结果有巨大的影响。此外，很多似乎非常重要的变量是不好观察、不好测量的。因此，从体验式学习获得的启示，有很多未经证明的结论、迷信的联想、误导人的相关性、同义反复的概括和系统的偏差。

第二，经验是嘈杂的（noisy）。因为观察误差，或者因为诠释误差，或者因为因果结构真的就是随机的，所以历史事件是取自可能历史事件分布的一个值。某次变现历史的代表性有可能很差，代表不了可能历史。因此，从经验中学习涉及两方面，即不仅要努力从观察到的实际事件中学习，还要努力从实际上没有发生但原本应该发生的事件中学习。我们也应看到，上述的"假设历史"用想象替代了证据，这种替代也容易犯下许多错误。

第三，历史具有内源性（endogeneity）。能力受练习的影响，练习率受所做选择的影响。组织与环境共同演化。行动者的欲望影响行动，行动也影响行动者的欲望。历史是一系列样本，经验的展开方式，影响着选项的抽样率，进而影响着抽样误差。

第四，众所周知，历史是由参与者和观察者建构的（constructed）。人们不仅从历史中学习，还从历史故事中学习，包括他们自己出于某种目的捏造并讲述的故事。古往今来的政治顾问都通晓各种写史手法。

总结栏

据传，温斯顿·丘吉尔（Winston Churchill）曾经说过："历史会善待我的，因为我打算书写历史。"谎言的平均值随着样本量的增加而趋近于真相，这个命题并不好证明，不管是通过实证检验还是通过理论推导。

第五，历史是吝啬的（miserly），只能提供少量的经验。历史只能提供小样本，因此给推断带来很大的抽样误差。如果一位统计学家奉命设计一个可以观察但很难做推断的世界，那么他的设计成果就会非常接近组织的原始经验。组织学习所依赖的经验，样本量经常小到只有一两次经历。组织推断所依赖的事件，发生背景和发生条件经常是独一无二、不断变化的。在不断变化（而且可以观察）的条件下，不对关键变量进行实验控制，又得不到大样本，就很难确定因果结构。想象变得至少像观察一样重要。正如马文·明斯基（Marvin Minsky）在研究人工智能问题时观察到的那样，"从本质上来说，简单学习系统只在重复性情境中有用，应付不了新异情境。学习系统只有辅以具有一些推导能力的分类法或者模式识别法，才能获得

140

非凡的成绩。因为遇到的对象是如此五花八门，所以我们不能依靠重复"（1963，413）。

参与到历史中，可能就很难从历史中挖掘启示。组织参与者很难从经验中学习，他们在努力从经验中学习的时候容易出错（Mezias and Starbuck 2003；Baumard and Starbuck 2005）。经验往往会大大提高成功管理者的信心，但是并不见得大大拓宽成功管理者的理解。之所以如此，并非只因为管理者的弱点或者管理者培训的弱点。在复杂的系统中，要考察一两个因素的效应，往往就要让其他因素保持不变并且让所考察的因素发生很大的变化，这样才能从噪声中区分出效应。在现实世界中，组织倾向于同时改变很多因素，而且变化幅度相对较小。

诠释的灵活性

模糊的经验，通过灵活的诠释获得意义。正如法国诗人兼哲学家、历史学家保罗·瓦莱里（Paul Valery）所说的那样："历史可以为任何事情辩护。历

笔记栏

总结栏

史实际上教不了人们什么东西，因为历史什么都有，不管什么事情都能从中找到例证（quoted in White 1987，36）。"诠释的灵活性牺牲预测力保全神话框架。这种权衡的关键，与其说是在于是抓住超故事现实还是利用经验预测未来，还不如说是在于是确保对故事的共识还是确保事后解释经验的能力。一般而言，故事和模型更常用于事后解释而非事前预测。

诠释的灵活性，得力于自然语言、符号抽象以及各自的使用方法。自然语言故事讲述者通过语言引发意义生成，特别是通过暗喻（例如，"学习"、"探索"和"开发"、"决策"、"权力"、"垃圾桶"）。类似的，数学故事讲述者通过那些允许想象延伸的抽象符号引发意义生成，例如，用疾病传播模型诠释技术的传播。

对灵活地追求看似智慧的共识而言，历史的模糊性利大于弊。失败可以诠释成坚守信念（Baumard and Starbuck 2005）。一次改革失败，可能是因为改革方案本身就不好，也可能是因为改革力度不够。一项政策失败，可能是因为政策本身存在问题，也可能是因为社会力量的阻挠，或者实施力度不够，或者实施者心怀不轨。一位飞行员驾驶的飞机差点与另外一架飞机相撞，这次经历可以看成一次失败、一个警告，警告着飞行员的操作方式非常危险，也可以看成一次成功、一个指标，表明飞行员避免相撞的技术非常高超（Tamuz 1988）。

　　因为诠释是灵活的，所以不管什么经验，都可从不同角度挖掘到不同启示。例如，很多故事的建构以评价为基础，而对组织经验或组织管理的各种评价，即使十分不同，也往往可以用同样的观察加以证明（March 1994，87—89）。同一管理行为，可以贴上"大胆的"标签，也可以贴上"冲动的"标签；与之相反的管理行为，可以贴上"谨慎的"标签，也可以贴上"保守的"标签。"自大的"管理者与"自信的"管理者之间的区别非常模糊，就像"没有主见的"管理者与"尊重他人意见的"管理者之间的区别一样。评价性故事不是对数据漠不关心，反而往往是广泛地借鉴数据。但是，就像照着同一张脸可以画出不同甚至

笔记栏

总结栏

截然相反的肖像一样，对组织经验的同一观察也可以导致不同的评价。

标准框架还有其他特征，有助于把迥异的经验纳入同一标准框架。例如，社会科学的故事和模型充满同义反复。权力就是得到自己想要之物的能力。权力的大小，用一个人在多大程度上获得自己想要之物来衡量。人们追求利益，从一个人的追求可以推断出一个人的利益所在。理解不了某事物，就给它贴上一个标签，让它在语言学上看似被解释了。实际上，贴标签与其说是进行解释，不如说是承认缺乏理解，或者说是放上一个占位符，留待进一步研究。在心理学故事中，"人格"经常被人用作标签贴在一些理解不了的东西上，也就是不能解释的变异上。在社会学和人类学故事中，"文化"也起着类似的作用，就像政治学中的"权力"、经济学中的"效用"、进化生物学中的"突变"一样。在大众故事中，"人性"有着类似的作用。这样的标签，在让故事灵活地拟合经验的同时，还让故事显得很有真实感。有了这样的标签，就比较容易创作具有事后解释力，但没有什么预测力，也没有什么指导作用的故事。

回避经验的问题

也许因为经验存在明显的问题，所以组织使用的知识的形成方式大多并不像人们期望的那样是基于经验的。第一，有关组织的信念，大多衍生自一些简单的假定。例如，整套经济学组织理论，几乎没有什么具体的实证基础，主要包含一些衍生自几条有关人类行为基本命题的定理。这样的知识形成方式有一个很大的优点，那就是定理的正确性是从技术上证明的，而不是用数据验证的。那些衍生定理，包含一些可以证实但不是特别令人吃惊的预测，比如，增加某个职位的薪水可以增加接受这个职位的人数。还包含少数具有启发性的意外，比如，有关"公地悲剧"、"赢家诅咒"、"囚徒困境"或者"胜任力陷阱"的命题。

第二，有关组织的信念，大多是在工程学知识观的指导下形成的。纯科学知识观追求的是，弄清任何

总结栏

笔记栏

可能前提的必然结论。工程学知识观追求的是，弄清产生某个结论的充分前提。学骑自行车的孩子，不求理解自行车动力学原理，只想知道哪些动作和反应足以维持平衡和前进。组织只想找到足以实现目标并且能在熟悉情境下加以改进的形式、实务和产品，不求弄清各种可能形式、实务和产品的所有可能结合在所有条件下会出现什么结果。

第三，组织不求理解复杂的世界，但求创造一个自己可以理解的比较简单的世界。组织不是使用可以自由获取的现成材料，而是创造具有易理解性和易管理性的材料。组织不求全面了解人类的所有行为，而是只求对人类行动者分类、培训、约束，让人类行动者好理解、好管理（Foucault 1961，1975；Holmqvist 2008）。组织不依靠合作伙伴的未来可靠性，而是签合同。组织不冒险，而是买保险。组织不预测多方博弈的结果，而是协调多方的不同期望。

总结栏

本质内容

　　如果本书的探讨能给读者什么启示的话，那就是从经验中学习是不完美的真相发现手段。大部分组织生活和管理生活会提供生动的、令人震撼的经验，个人和组织会怀着很大的信心从这些经验中学习，但是获得的启示很有可能是片面的、迷信的、自证的或者虚构的。从经验中学习，极有可能导致次优选择，不大可能有效揭示深层因果结构。经验可能让信心的增长快于能力的增长，而且让尝试过早终止。结果，经验丰富的人对自己所提建议的把握往往高于自己所提建议的质量。1980 年，瑞典心理学家贝恩特·布莱默（Berndt Brehmer）发表了一篇文章，该文章的标题就是"一句话：别从经验中来"。经验也许是最好的老师，但不是特别好的老师。

　　经验并非不可能形成一般知识。有关人类行为的知识，是可以令人印象深刻的，但是，当它镶嵌在稳定的文化和制度背景中时，或者当它形成于可以反复进行受控观察的情境时，它最令人印象深刻。在积累

总结栏

不了多少经验、不能施加多少控制的领域，直接经验往往既提供不了多少信息，又特别令人震撼。结果，从经验中学习，经常会出现自以为掌握真相其实距离真相甚远的情况。

一方面是对体验式学习的狂热，另一方面是体验式学习的缺陷，两相对比之下，学者就一直在努力寻找其他能够更好地利用经验潜力的推断技术。所找到的推断技术，有些衍生自多变量统计学。多变量统计学，靠结合简单模型和大型数据库来接近复杂的深层现实。因此，这些技术特别依赖简单模型的效力和足够次数的观察。在日常经验中，简单模型的效力令人怀疑，足够次数的观察很难做到。因此，这些技术只有在因果结构透明的领域进行大型正式研究时才能使用。

除了多变量统计这条思路之外，还有另外一条思路，那就是，从小样本的日常经验中获得对深层因果结构的有用理解。我（March, Sproull, and Tamuz 1991）以及其他一些组织学者（Malan and Kriger 1998）曾论证过，从"一两次经历"中学习是有可能的。大多数倡导从案例研究中获取知识的人（Herbst 1970；George and McKeown 1985；Mohr 1985）、倡导从"深描（thick description）"中获取知识的人（Geertz 1973；Gherardi 2006）、倡导从文学中获取知识的人（Gagliardi and Czarniawska 2006；March 2008，第18章），也进行过类似的论证。

"从对日常经验具体情节的详细描述中是有可能挖掘出有关世界的有效启示的"这一小样本体验式学习理念有很多热情的听众。它符合大多数人的直觉和做法。支持它的人是如此之多，以致反对它需要极其谨慎。但是，毕竟还是有人对它持怀疑态度，而且，很难提出一个具体的推断理论来有力地打消那些人的怀疑。尽管文学一直希望基于详细描述和假想历史的分析结果也许与基于经验数据的推断结果相近，但是小样本体验式学习理念并不像轻易赢得很多热情的听众那样能够轻易得到有力的辩护。

这一理念的反对者认为：主张从一两次经历中学

笔记栏

总结栏

习，可以看成是企图为人类对故事的深深喜爱提供某种智慧依据。知识分子是倡导故事讲述的主力军。很多知识分子纷纷为在把经验转化成对世界的理解的过程中获得的主观快乐感和智慧辩护。既然人类的一个比较可爱的特点就是，能够而且渴望从功利主义角度为人类的直觉型偏见辩护，那么知识分子的那种努力经常就是优雅的，甚至是有说服力的。

对从一两次经历中学习的热情不仅渗透在日常生活中，而且渗透在社会科学中，这一热情不该立即予以打击。然而，为了从一两次经历中挖掘启示，也许有必要在为数不多的每次经历中更深入地体验、收集更多信息、从更多角度反思；也许还有必要从多重偏好的角度反思；也许还有必要在经验数据之外补充虚拟经验数据，使用"几近历史（near history，意思是，很有可能发生但实际上没有发生的历史）"和假设历史。这样，把经验转化成理解、把理解转化成行动的过程将经常是用想象补充或者替代基于数据的推断和逻辑推导的过程（March，Sproull，and Tamuz 1991）。

总结栏

经验与人类智慧

　　用根据经验知识有效地适应环境的案例阐述人类智慧是不够的，因为仅仅从工具效用角度出发是无法完全理解智慧的。在第 1 章，我们说过，组织追求智慧，智慧有两个要素。第一个是，有效地适应环境，这个属于工具效用。第二个是，优雅地诠释经验。从第二个角度来看，与其说经验是适应工具、进步动力，不如说经验激发了一项根本的人类活动——创造并装饰没有实际用途的知识。

　　人类通过具有以下三个功能的好奇、流言、交谈、故事、叙述、解释、理论和神话彰显智慧：（a）用有趣的方式对人类的存在赋予意义（March and Sevon，1984）；（b）对人类的意图进行合理化（Feldman and March 1981）；（c）展现人类的想象力。从这个角度来看，理解经验，与其说是为了生活，不如说就是生活（Czarniawska 1997，21）；追求意义，与其说是为了有效地适应，不如说是喜欢讲故事的人类的一项根本活

总结栏

动（March and Olsen 1975，1976；March 1994，212—219）。

故事讲述和模型建构是人类的基本活动，人类行动者通过这两样活动形成我们独有的智慧、彰显我们物种的智慧性。根据这种观点，故事讲述和模型建构也许是适应工具，但是更为重要的是，故事讲述和模型建构还能区分人类与其他物种的智慧高低，以及人与人的智慧高低。"没有实际用途的想象在智慧王国里占有重要地位"的观点很难不让人着迷。它在闹哄哄的一片功利主义叫嚣中喊出了另外一个声音，它表现了人类存在比较突出的一面——对自由求知的渴望，它承认了人类心智的专制地位，它宣称了审美价值也很重要。

然而，任何有关审美价值也很重要的宣示，即使符合人类的古典志向，也都代表着对其他正统宣示的臣服。对价值排序，是对选择理论独霸天下令人遗憾的投降。对价值排序，是对权衡进行合理化，但是否认人类有能力追求相互冲突的目标。我的孙女们小时候有最好的朋友，这没什么值得说的，值得一说的是，每个孙女都有不止一个最好的朋友。我以为，每个最好的朋友应该都好于其他的朋友。后来，我认识到我的孙女们是多么的智慧：为什么非要排个高低呢？为什么不能认为每个都有独特的重要性呢？

　　通过想象理解世界是人类美好而独特的一面，通过有目的的问题解决适应环境、取得进步，也是人类美好而独特的一面。智慧涉及优雅地诠释经验，正如故事讲述和模型建造的美丽所反映的那样。智慧还涉及有效地适应环境，正如利用经验提高生产率所反映的那样。经验的启示，既是人类想象之壮丽的标志，又是有效解决问题的工具。借用我孙女们的智慧，我们可以认为，智慧的这两个要素都是最重要的。

笔记栏

总结栏

参考文献

Abegglen, J. C. (1958). *The Japanese Factory*. Glencoe, IL: Free Press.

Abrahamson, E. (1991). Managerial fads and fashions: The diffusion and rejection of innovations. *Academy of Management Review*, 16: 586-612.

Adner, R., and D. Levinthal (2004). What is *not* a real option: Considering boundaries for the application of real options to business strategy. *Academy of Management Review*, 29: 74-85.

Akerlof, G. A., and R. E. Kranton (2005). Identity and the economics of organizations. *Journal of Economic Perspectives*, 19: 9-32.

Alcbian, A. A. (1950). Uncertainty, evolution, and economic theory. *Journal of Political Economy*, 58: 211-221.

Aldrich, H. (1979). *Organizations and Environments*. Eglewood Cliffs, NJ: Prentice Hall.

Aldrich, H., and M. Ruef (2006). *Organizations Evolving*.

Thousand Oaks, CA: Sage.

Amabile, T. (1983). *The Social Psychology of Creativity.* New York, NY: Springer-Verlag.

American Heritage Dictionary of the English Language (1981). Boston, MA: Houghton Mifflin.

Anand, P. (1993). *Foundations of Rational Choice under Risk.* Oxford, UK: Oxford University Press.

Andersen, H. C. (1837). Kejserens nye Klæder. Translated and published in English as "The Emperor's New Clothes" in D. E Frank and J. Frank, eds. (2003). *The Stories of Hans Christian Andersen,* Boston, MA: Houghton Mifflin, pp. 105-110.

Anderson, B. (1991). *Imagined Communities.* 2nd ed. London, UK: Verso.

Argote, L. (1999). *Organizational Learning: Creating, Retaining, and Transferring Knowledge.* Dordrecht, Neth.: Kluwer Academic Publishers.

Argote, L., and D. Epple (1990). Learning curves in manufacturing, *Science,* 247: 920-924.

Argote, L., and G. Todorova (2007). Organizational learning. *International Review of Industrial and Organizational Psychology,* 22: 193-234.

Argyris, C., and D. Schön (1978). *Organizational Learning.*

Reading, MA: Addison-Wesley.

Aronson, S. H. (1977). Bell's electrical toy: What's the use? The sociology of early telephone usage. In I. de Sola Pool, ed., *The Social Impact of the Telephone*. Cambridge, MA: MIT Press, 15-39.

Arrow, K. (1972). *The Limits of Organization*. New York, NY: Norton.

Ashforth, B. E., and E Mael (1989). Social identity theory and the organization. *Academy of Management Review*, 14: 20-39.

Arthur, W. B. (1989). Competing technologies, increasing returns, and lock-in by historical events. *Economic Journal*, 99: 116-131.

Augier M., and J. G. March (2001). Conflict of interest in theories of organization: Herbert A. Simon and Oliver E. Williamson. *Journal of Management and Governance*, 5: 223-230.

——, eds. (2002). *The Economics of Choice, Change and Organization: Essays in Honor of Richard M. Cyert*. Cheltenham, UK: Edward Elgar.

—— (2008). Realism and comprehension in economics: A footnote to an exchange between Oliver E. Williamson and Herbert A. Simon. *Journal of Economic Behavior and Organization*, 66: 95-105.

Bandura, A. (1977). *Social Learning Theory*. Englewood

Cliffs, NJ: Prentice-Hall.

Barley, S. (1986). Technology as an occasion for structuring: Evidence from observations of CAT scanners and the social order of radiology departments. *Administrative Science Quarterly*, 31: 78-108.

Barnett, W. P., and M. T. Hansen (1996). The Red Queen in organizational evolution. *Strategic Management Journal*, 17: 139-157.

Bartel, C. A., and R. Garud (2009). The role of narratives in sustaining organizational innovation. *Organization Science*, 20: 107-117.

Barthes, R. (1977). *Image, Music, Text*. New York, NY: Hill and Wang.

Bartholomew, D. J. (1982). *Stochastic Models for Social Processes*. 3rd ed. Chichester, UK: Wiley.

Baum, J. A. C., and K. B. Dahlin (2007). Aspiration performance and railroads' patterns of learning from train wrecks and crashes. *Organization Science*, 18: 368-385.

Baum, J. A. C., and J. V. Singh, eds. (1994). *The Evolutionary Dy namics of Organizations*. New York, NY: Oxford University Press.

Baumard, P., and W. H. Starbuck (2005). Learning from failures: Why it may not happen. *Long Range Planning*, 38: 281–298.

Beauvoir, S. de ([1948] 1980). *The Ethics of Ambiguity*. Secaucus, NJ: Citadel.

Becket, H. (1963). *Outsiders: Studies in the Sociology of Deviance*. New York, NY: Free Press.

—— (1984). Moral entrepreneurs: The creation and enforcement of deviant categories. In D. Kelly, ed., *Deviant Behavior: A TextReader in the Sociology of Deviance*. New York, NY: St. Martin's, pp. 21–28.

Becker, M. C. (2004). Organizational routines: A review of the literature. *Industrial and Corporate Change*, 13: 643–677.

Becket, M., T. Knudsen, and J. G. March (2006). Schumpeter, Winter, and the sources of novelty. *Industrial and Corporate Change*, 15: 353–371.

Beecher-Monas, E. (2007). Marrying diversity and independence in the board room: Just how far have you come, baby? *Oregon Law Review*, 86: 373–412.

Bennett, W. L., and M. S. Feldman (1981). *Reconstructing Reality in the Courtroom: Justice and Judgment in American Culture*. New Brunswick, NJ: Rutgers University Press.

Berger, P. L., and T. Luckmann. (1967). *The Social Con-*

struction of Reality: *A Treatise in the Sociology of Knowledge.* Garden City, NY: Anchor.

Bergevärn, L-E., E Mellomvik, and O. Olson (1998). Institutionalization of municipal accounting—A comparative study between Sweden and Norway." In N. Brunsson and J. P. Olsen, eds., *Organizing Organizations.* Bergen, Norway: Fagbokforlaget, pp. 279-302.

Bitney, D. (1969). Vico's new science of myth. In G. Tagliacozzo and H. V. White, eds., *Giambattista Vico*: *An International Symposium.* Baltimore, MD: Johns Hopkins University Press, pp. 259-277.

Btumer, H. (1969). *Symbolic Interactionism*: *Perspective and Method.* Englewood Cliffs, NJ: Prentice-Hall.

Bowman, E., and D. Hurry (1993). Strategy through the option lens: An integrated view of resource investments and the incremental-choice process. *Academy of Management Review*, 18: 760-782.

Brandstätter, E., G. Gigerenzer, and R. Hertwig (2006). The priority heuristic: Making choices without trade-offs. *Psychological Review*, 113: 409-432.

Brehmer, B. (1980). In one word: Not from experience. *Acta Psychologica*, 45: 223-241.

Brown, S. L., and K. M. Eisenhardt. (1995). Product development: Past research, present findings, and future directions. *Academy of Management Review*, 20: 343-378.

Bruner, J. (1996). *The Culture of Education.* Cambridge, MA: Harvard University Press.

Burt, R. S. (1987). Social contagion and innovation: Cohesion versus structural equivalence. *American Journal of Sociology*, 92: 1287-1335.

Bush, R. R., and E Mosteller (1955). *Stochastic Models for Learning.* New York, NY: Wiley.

Camerer, C. (2008). The case for mindful economics. In A. Caplin and A. Schotter, eds., *The Foundations of Positive and Normative Economics.* Oxford, UK: Oxford University Press, pp. 43-69.

Camerer, C. E, G. Loewenstein, and M. Rabin (2004). *Advances in Behavioral Economics.* New York, NY: Russell Sage.

Carroll, G. R., and M. T. Hannan (1989). Density dependence in the evolution of populations of newspaper organizations. *American Sociological Review*, 54: 524-541.

—— (2000). *The Demography of Corporations and Industries.* Princeton, NJ: Princeton University Press.

Chekhov, A. (1979). *Anton Chekhov's Short Stories* (selected and edited by R. E. Matlaw). New York: Norton.

Chen, E. L., and R. Katila (2008). Rival intepretations of balancing exploration and exploitation: Simultaneous or sequential? In S. Shane, ed., *Handbook of Technology and Innovation Management.* New York, NY: Wiley, pp. 197–214.

Cicourel, A. V. (1974). *Cognitive Sociology: Language and Meaning in Social Interaction.* New York, NY: Free Press.

Cohen M. D., R. Burkhart, G. Dosi, M. Egidi, L. Marengo, M. Warglien, S. Winter (1996). Routines and other recurring action patterns of organizations: Contemporary research issues, *Industrial and Corporate Change*, 5: 653–698.

Cohen, M. D., and L. S. Sproull, eds. (1996). *Organizational Learning.* Thousand Oaks, CA: Sage.

Cohen, W. M., and D. A. Levinthal (1989). Innovation and learning: The two faces of R&D. *Economic Journal*, 99: 569–590.

—— (1990). Absorptive capacity: A new perspective on learning and innovation. *Administrative Science Quarterly*, 15: 128–152.

Coleman, J. S. (1990). *Foundations of Social Theory.* Cambridge, MA: Belknap Press.

Collingwood, R. G. (1993). *The Idea of History.* Oxford, UK: Clarendon Press.

Conell, C., and S. Cohn (1995). Learning from other people's actions: Environmental variation and diffusion in French coal mining strikes, 1890 - 1935. *American Journal of Sociology*, 101: 366-403.

Cyert, R. M., and J. G. March (1963). *A Behavioral Theory of the Firm*. Englewood Cliffs, NJ: Prentice-Hall.

Czarniawska, B. (1997). *Narrating the Organization: Dramas of Institutional Identity*. Chicago, IL: University of Chicago Press.

—— (2008). *A Theory of Organizing*. Cheltenham, UK: Edward Elgar.

Czarniawska, B., and B. Joerges (1996). Travels of ideas. In B. Czarniawska and G. Sevón, eds., *Translating Organizational Change*. Berlin: de Gruyter, pp. 13-48.

Czarniawska, B., and G. Sev6n, eds. (1996). *Translating Organizational Change*. Berlin, Ger.: De Gruyter.

——, eds. (2005). *Global Ideas: How Ideas, Objects and Practices Travel in the Global Economy*. Malmö, Swed., and Copenhagen, Den.: Liber AB and Copenhagen Business School Press.

Darwin, C. ([1859] 2006). *The Origin of the Species, a Variorum Text*, edited by M. Peckham. Philadelphia, PA: University of Pennsylvania Press.

David, P. A. (1991). The hero and the herd in technological

history: Reflections on Thomas Edison and "The Battle of the Systems." In P. Higgonet, D. S. Landes, and H. Rosovsky, eds., *Favorites of Fortune*: *Technology*, *Growth*, *and Economic Development since the Industrial Revolution*. Cambridge, MA: Harvard University Press, pp. 72–119.

Dawes, R. M., D. Faust, and P. E. Meehl (1989). Clinical versus actuarial judgment. *Science*, 243: 1668–1674.

Denrell, J. (2007). Adaptive learning and risk taking, *Psychological Review*, 114: 177–187.

—— (2008). Organizational risk taking: Adaptation versus variable risk preferences. *Industrial and Corporate Change*, 17: 427–466.

Denrell, J., and C. Fang (2007). Success as a signal of poor judgment. Unpublished ms.

Denrell, J., and J. G. March (2001). Adaptation as information restriction: The hot stove effect. *Organization Science*, 12: 523–538.

Deutsch, K. W. (1963). *The Nerves of Government*. Glencoe, IL: Free Press.

Dierkes, M., A. Berthoin Antal, J. Child, and I. Nonaka, eds. (2001). *Handbook of Organizational Learning and Knowledge*. Oxford, UK: Oxford University Press.

DiMaggio, E, and W. W. Powell (1983). The iron cage revisited: Institutional isomorphism and collective rationality in organizational fields. *American Sociological Review*, 48: 147–160.

Djelic, M. -L. (1998). *Exporting the American Model: The Postwar Transformation of European Business*. Oxford, UK: Oxford University Press.

Dosi, G. (1988). Sources, procedures, and microeconomic effects of innovation. *Journal of Economic Literature*, 26: 1120 – 1171.

Dosi, G., and L. Marengo (2007). On the evolutionary and behavioral theories of organizations: A tentative roadmap. *Organization Science*, 18: 491–502.

Dosi, G., L. Marengo, A. Bassanini, and M. Valente (1999). Norms as emergent properties of adaptive learning: The case of economic routines, *Journal of Evolutionary Economics*, 9: 5–26.

Durkheim, E. (1973). *On Morality and Society*. Trans. R. N. Bellah. Chicago, IL: University of Chicago Press.

Dworkin, R. (1986). *Law's Empire*. Cambridge, MA: Harvard University Press.

Eisenstadt, S. N. (2006). Multiple Modernen im Zeitalter der Globalisierung. In T. Schwinn, ed., *Die Vielfalt und Einheit der Modernen: kultur-und structurvergleichende analysen*. Wiesbaden,

Ger.: VS Verlag für Sozialwissenschaften, pp. 37-62.

Etheredge, L. S. (1985). *Can Governments Learn? American Foreign Policy and Central American Revolutions*. New York, NY: Pergamon.

Fang, C., J. Lee, and M.. A. Schilling (forthcoming). Balancing exploration and exploitation through structural design: The isolation of subgroups and organization learning. *Organization Science*.

Fang, C., and D. Levinthal (2009). Near-term liability of exploitation: Exploration and exploitation in multistage problems. *Organization Science*, 20: 538-551.

Feldman, M. S. (1989). *Order without Design: Information Production and Policy Making*. Stanford, CA: Stanford University Press.

—— (2000). Organizational routines as a source of continuous change. *Organization Science*, 11: 611-629.

Feldman, M. S., and J. G. March (1981). Information in organizations as signal and symbol. *Administrative Science Quarterly*, 26: 171-186.

Feldman, M. S., and B. T. Pentland (2003). Reconceptualizing organizational routines as a source of flexibility and change. *Administrative Science Quarterly*, 48: 94-118.

Feller, W. (1968). *An Introduction to Probability Theory and Its Applications.* Vol. 1. 3rd ed. New York, NY: Wiley.

Fischhoff, B. (1975). Hindsight/foresight: The effect of outcome knowledge on judgment uncertainty. In T. S. Wallsten, ed., *Cognitive Processes in Choice and Decision Behavior.* Hillsdale, NJ: Erlbaum.

Foucault, M. (1961). *Folie et déraison: Histoire de la folie à l'âge classique.* Paris, Fr.: Librairie Plon.

—— (1975). *Surveiller et punir: Naissance de la prison.* Paris, Fr.: Gallimard.

Friedland, R., and R. R. Alford (1991). Bringing society back in: Symbols, practices and institutional contradictions. In W. W. Powell and P. J. DiMaggio, eds., *The New Institutionalism in Organizational Analysis.* Chicago, IL: University of Chicago Press, pp. 232-263.

Gabriel, Y., ed. (2004). *Myths, Stories, and Organizations: Premodern Narratives for Our Times.* Oxford, UK: Oxford University Press.

Gagliardi, P., and B. Czarniawska, eds. (2006). *Management Education and the Humanities.* Cheltenham, UK: Edward Elgar.

Galaskiewicz, J., and R. S. Burt (1991). Interorganizational contagion in corporate philanthropy. *Administrative Science Quarterly,*

36: 88-105.

Galunic, D. C., and S. Rodan (1998). Resource recombinations in the firm: Structures and the potential for Schumpeterian innovation. *Strategic Management Journal*, 18: 1193-1201.

Garfinkel, H. (1967). *Studies in Ethnomethodology.* Englewood Cliffs, NJ: Prentice-Hall.

Garud, R., P. R. Nayyar, and Z. Shapira, eds. (1997). *Technological Innovation: Oversights and Foresights.* New York, NY: Cambridge University Press.

Gary, M. S., G. Dosi, and D. Lovallo (2008). Boom and bust behavior: On the persistence of strategic decision biases. In G. P. Hodgkinson and W. H. Starbuck, eds., *The Oxford Handbook of Organizational Decision Making.* Oxford, UK: Oxford University Press, pp. 33-55.

Gavetti, G., and D. Levinthal (2000). Looking forward and looking backward: Cognitive and experiential search. *Administrative Science Qaurterly*, 45: 113-137.

Gavetti, G., D. Levinthal, and J. W. Rivkin (2005). Strategy-making in novel and complex worlds: The power of analogy. *Strategic Management Journal*, 26: 691-712.

Gavetti, G., and M. Warglien (2007). Recognizing the new: A multiagent model of analogy in strategic decision-making. Unpublished ms.

Geertz, C. (1973). Thick description: Toward an interpretive theory of culture. In C. Geertz, *The Interpretation of Cultures: Selected Essays*. New York, NY: Basic Books, pp. 3–30.

Geman, S., E. Bienenstock, and R. Doursat (1992). Neural networks and the bias/variance dilemma. *Neural Computation*, 4: 1–58.

George, A. L., and T. McKeown (1985). Case studies and theories of organizational decision making. In R. F. Coulam and R. A. Smith, eds., *Advances in Information Processing in Organizations*. Vol. 2. Greenwich, CT: JAI Press, pp. 21–58.

Gherardi, S. (2006). *Organizational Knowledge: The Texture of Workplace Learning*. Oxford, UK: Blackwell.

Gibbons, R. (1992). *Game Theory for Applied Economists*. Princeton, NJ: Princeton University Press.

—— (2003). Team theory, garbage cans, and real organizations. *Industrial and Corporate Change*, 12: 753–787.

Gibbons, R., and J. Roberts (2008). *Handbook of Organizational Economics*. Princeton, NJ: Princeton University Press.

Gigerenzer, G. (2000). *Adaptive Thinking: Rationality in the Real World*. Oxford, UK: Oxford University Press.

Gigerenzer, G., and H. Brighton (2009). Homo heuristicus:

Why biased minds make better inferences. *Topics in Cognitive Science*, 1: 107-143.

Gilboa, I., and D. Schmeidler (2001). *A Theory of Case-based Decisions*. Cambridge, UK: Cambridge University Press.

Gittins, J. C. (1989). *Multi-armed Bandit Allocation Indices*. New York, NY: Wiley.

Gladwell, M. (2000). *The Tipping Point*. Boston, MA: Little, Brown.

Golden-Biddle, K., and K. D. Locke (1997). *Composing Qualitative Research*. Thousand Oaks, CA: Sage.

Gould, S. J. (2002). *The Structure of Evolutionary Theory*. Cambridge, MA: Harvard University Press.

Gouldner, A W. (1954). *Patterns of Industrial Bureaucracy*. Glencoe, IL: Free Press.

Granovetter, M., and R. Soong (1983). Threshold models of diffusion and collective behavior. *Journal of Mathematical Sociology*, 9: 165-179.

Gray, V. (1973). Innovation in the states: A diffusion study. *American Political Science Review*, 67: 1174-1185.

Greene, W. H. (2008). *Econometric Analysis*. 6th ed. Upper Saddle River, NJ: Pearson/Prentice Hall.

Greenwood, R., and R. Suddaby (2006). Institutional entrepreneurship in a mature field: the Big 5 accounting firms. *Academy of Management Journal*, 49: 27-48.

Greenwood, R., R. Suddaby, and C. R. Hinings (2002). The role of professional associations in the transformation of institutionalized fields. *Academy of Management Journal*, 45: 58-80.

Greve, H. R. (2003). *Organizational Learning from Performance Feedback.* Cambridge. UK: Cambridge University Press.

Gul, E, and W. Pesendorfer (2008). The case for mindless economics. In A. Caplin and A. Schotter, eds., *The Foundations of Positive and Normative Economics.* Oxford, UK: Oxford University Press, pp. 3-42.

Günther, K. (1993). *The Sense of Appropriateness: Application Discourses in Morality and Law.* Albany, NY: State University of New York Press.

Halberstam, D. (1972). *The Best and the Brightest.* Random House: New York, NY.

Hannan, M. T. (1998). Rethinking age dependence in organizational mortality rate: Logical formalization. *American Journal of Sociology*, 104: 85-123.

Hannan, M. T., and J. Freeman (1989). *Organizational Ecology.* Cambridge, MA: Harvard University Press.

Harrison, J. R., and J. G. March (1984). Decision making

and postdecision surprises, *Administrative Science Quarterly*, 29: 26–42.

Hastie, T., R. Tibshirani, and J. Friedman (2001). *The Elements of Statistical Learning: Data Mining, Inference, and Prediction.* New York, NY: Springer.

Hatchuel, A., and B. Weil (1995). *Experts in Organizations: A Knowledge-Based Perspective on Organizational Change.* Berlin, Ger.: Walter de Gruyter.

Haunschild, P. R., and A. S. Miner (1997). Modes of interorganizational imitation: The effects of outcome salience and uncertainty. *Administrative Science Quarterly*, 42: 472–500.

Hebb, D. O. (1949). *The Organization of Behavior.* New York, NY: Wiley.

Hedrick, P. W. (1982). Genetic hitchhiking: A new factor in evolution? *BioScience*, 32: 845–853.

Herbst, P. G. (1970). *Behavioural Worlds: The Study of Single Cases.* London, UK: Tavistock.

Hernes, T. (2008). *Understanding Organization as Process: Theory for a Tangled World.* London, UK: Routledge.

Hirschman, A. O. (1970). *Exit, Voice, and Loyalty.* Cambridge, MA: Harvard University Press.

Hodgkinson, G. P., and W. H. Starbuck, eds. (2008). *The*

Oxford Handbook of Organizational Decision Making. Oxford, UK: Oxford University Press.

Hoffman, A. (1999). Institutional evolution and change: Environmentalism and the U. S. chemical industry. *Academy of Management Journal*, 42: 351-371.

Hogarth, R. M., and N. Karelaia (2005). Ignoring information in binary choice with continuous variables: When is less "more"? *Journal of Mathematical Psychology*, 49: 115-124.

Holahan, J., Weil, A., Wiener, J. M., eds. (2003). *Federalism and Health Policy.* Washington, DC: Urban Institute Press.

Holden, R. T. (1986). The contagiousness of aircraft hijacking. *American Journal of Sociology*, 91: 874-904.

Holland, J. H. (1975). *Adaptation in Natural and Artificial Systems.* Ann Arbor, MI: University of Michigan Press.

Holmqvist, M. (2008). *The Institutionalization of Social Welfare: A Study of Medicalizing Management.* New York, NY: Routledge.

Hoopes, D. G., and T. L. Madsen (2008). A capability-based view of competitive heterogeneity. *Industrial and Corporate Change*, 17: 393-426.

Huber, G. P. (1991). Organizational learning: The contributing processes and the literatures. *Organization Science*, 2: 88-115.

Hutchinson, J. M. C., and G. Gigerenzer (2005). Simple heuristics and rules of thumb: Where psychologists and behavioural biologists might meet. *Behavioural Processes*, 69: 97-124.

Jeppesen, L. B., and K. R. Lakhani (2009). Attracting needles from the haystack: The importance of marginality in a broadcast search problem solving process. Unpublished ms.

Kahneman, D., and D. Lovallo (1993). Timid choices and bold forecasts: A cognitive perspective on risk taking. *Management Science*, 39: 17-31.

Kahneman, D., and A. Tversky (1979). Prospect theory: An analysis of decision under risk. *Econometrica*, 47: 263-291.

Kauffman, S. A., and S. Johnsen (1992). Co-evolution to the edge of chaos: Coupled fitness landscapes, poised states, and co-evolutionary avalanches. In C. G. Langton, L. Taylor, J. D. Farmer, and S. Rasmussen, eds., *Artificial Life II*, Redwood City, CA: Addison Wesley, pp. 325-368.

Kaufman, H. (1960). *The Forest Ranger.* Baltimore, MD: Johns Hopkins University Press.

Kayes, D. C. (2002). Experiential learning and its critics: Preserving the role of experience in management learning and education. *Academy of Management Learning and Education*, 1: 137-149.

Kieser, A. (1997). Rhetoric and myth in management fashion. *Organizations*, 4: 49-74.

—— (2002). Managers as marionettes? Using fashion theories to explain the success of consultants. In M. Kipping and L. Engwall, eds., *Management Consulting: Emergence and Dynamics of a Knowledge Industry*, Oxford, UK: Oxford University Press, pp. 167-183.

Kolb, D. A. (1984). *Experiential Learning: Experience as a Source of Learning Development*. Englewood Cliffs, NJ: Prentice Hall.

Kosnik, L. -R. D. (2008). Refusing to budge: A confirmatory bias in decision making. *Mind and Society*, 7: 193-214.

Krachardt, D., and M. Killduff, M. (1990). Friendship patterns and culture: The control of organizational diversity. *American Anthropologist*, 91: 142-154.

Kreps, D. M. (1990a). Corporate culture and economic theory. In J. E. Alt and K. A. Shepsle, eds., *Perspectives on Political Economy*. Cambridge, UK: Cambridge University Press, pp. 90-143.

—— (1990b). *Game Theory and Economic Modeling*. Oxford, UK: Clarendon Press.

Krieger, S. (1979). *Hip Capitalism*. Beverly Hills, CA: Sage.

Kuhn, T. S. (1962). *The Structure of Scientific Revolutions.* Chicago, IL: University of Chicago Press.

—— (1977). *The Essential Tension: Selected Studies in Scientific Tradition and Change.* Chicago, IL: University of Chicago Press.

Lamberg, J. -A., A. Laukia, and J. Ojala (2008). The origins of success: A qualitative meta-analysis of the evolution of Nokia. Paper presented at the Academy of Management meetings in Anaheim, CA.

Lave, C. A., and J. G. March (1975). *An Introduction to Models in the Social Sciences.* New York, NY: Harper and Row.

Lenz, R. (1981). Determinants of organizational performance: An interdisciplinary review. *Strategic Management Review*, 2: 131–154.

Levinthal, D. A. (1991). Random walks and organizational mortality. *Administrative Science Quarterly*, 36: 397–420.

Levinthal, D. A., and J. G. March (1993). The myopia of learning. *Strategic Management Journal*, 14: 95–112.

Levinthal, D. A., and J. Myatt (1994). Co-evolution of capabilities and industry: The evolution of mutual fund processing. *Strategic Management Journal*, 15: 45–62.

Levinthal, D. A., and H. E. Posen (2007). Myopia of selection: Does organizational adaptation limit the efficacy of population selection?" *Administrative Science Quarterly*, 52: 586–620.

Lévi-Strauss, C. (1966). *The Savage Mind.* London, UK: Weidenfeld and Nicolson.

—— (1979). *Myth and Meaning.* New York, NY: Schocken Books.

Levitt B., and March, J. G. (1988). Organizational learning. *Annual Review of Sociology*, 14: 319–340.

Levy, S. (2003). Out of left field. *Newsweek*, April 21.

Loasby, B. (1999). *Knowledge, Institutions and Evolution in Economics.* London, UK: Routledge.

Lord, C. G., L. Ross, and M. R. Lepper (1979). Biased assimilation and attitude polarization: The effect of prior theories on subsequently considered evidence. *Journal of Personality and Social Psychology*, 37: 2098–2109.

Lovie, S. (2005). History of mathematical learning theory. In *Encyclopedia of Statistics in Behavioral Science.* Vol. 2. New York, NY: Wiley, pp. 861–864.

Luce, R. D., and H. Raiffa (1957). *Games and Decisions.* New York, NY: Wiley.

Machina, M. J. (1987). Choice under uncertainty: Problems solved and unsolved. *Journal of Economic Perspectives*, 1: 121–154.

Mahajan, V., and Y. Wind (1986). *Innovation Diffusion Models of New Product Acceptance*. Cambridge, MA: Ballinger.

Malthus, T. R. ([1798] 2001). *An Essay on the Principle of Population*. London, UK: Electric Book Co.

Mansfield, E. (1961). Technical change and the rate of imitation. *Econometrica*, 29: 741–766.

March, J. G. (1988). *Decisions and Organizations*, Oxford, UK: Blackwell.

—— (1992). The war is over and the victors have lost. *Journal of Socio-Economics*, 21: 261–267.

—— (1994). *A Primer on Decision Making: How Decisions Happen*. New York, NY: Free Press.

—— (1999a). A learning perspective on some dynamics of institutional integration. In M. Egeberg and P. Læegreid, eds., *Organizing Political Institutions: Essays for Johan P. Olsen*. Oslo, Nor.: Scandinavian University Press, pp. 129–155.

—— (1999b). Les mythes du management, *Gérer et Comprendre*, no. 57 (September): 4–12.

—— (1999c). *The Pursuit of Organizational Intelligence*. Oxford, UK: Blackwell.

—— (2004). Experiential knowledge and academic knowledge in management education. In G. Garel and E. Godelier, eds.,

Enseigner le management. Paris, Ft.: Lavosier, pp. 13-17.

—— (2008). *Explorations in Organizations*. Stanford, CA: Stanford University Press.

March, J. G., and J. C. March (1977). Almost random careers: The Wisconsin school superintendency, 1940-1972. *Administrative Science Quarterly*, 22: 377-409.

March, J. G., and J. P. Olsen (1975). The uncertainty of the past: Organizational learning under ambiguity. *European Journal of Political Research*, 3: 147-171.

—— (1976). *Ambiguity and Choice in Organizations*. Bergen, Nor.: Universitetsforlaget.

—— (1989). *Rediscovering Institutions: The Organizational Basis of Politics*. New York, NY: Free Press.

—— (1995). *Democratic Governance*. New York, NY: Free Press.

—— (2006a). Elaborating the new institutionalism. In R. A. W. Rhodes, S. Binder, and B. Rockman, eds., *The Oxford Handbook of Political Institutions*. Oxford, UK: Oxford University Press, pp. 3-20.

—— (2006b). The logic of appropriateness. In M. Moran, M. Rein, and R. E. Goodin, eds., *The Oxford Handbook of Public Policy*. Oxford: Oxford University Press, pp. 689-708.

March, J. G., M. Schulz, and X. Zhou (2000). *The Dynamics of Rules: Change in Written Organizational Codes*. Stanford, CA: Stanford University Press.

March, J. G., and G Sevón (1984). Gossip, information, and decision-making. In L. S. Sproull and J. P. Crecine, eds., *Advances in Information Processing in Organizations*. Vol. 1. Greenwich, CT: JAI Press, pp. 95-107.

March, J. G., and Z. Shapira (1987). Managerial perspectives on risk and risk taking. *Management Science*, 33: 1404-1418.

—— (1992). Variable risk preferences and the focus of attention. *Psychological Review*, 99: 172-183.

March, J. G., and H. A. Simon (1958). *Organizations*. New York, NY: Wiley.

March, J. G., L. S. Sproull, and M. Tamuz (1991). Learning from samples of one or fewer. *Organization Science*, 2: 1-13.

March, J. G., and R. I. Sutton (1997). Organizational performance as a dependent variable. *Organization Science*, 8: 697-706.

March, K. S. (2002). *"If Each Comes Halfway"*. Ithaca, NY: Cornell University Press.

Mayr, E. (1963). *Population, Species, and Evolution*. Cambridge, MA: Harvard University Press.

——（1982）. *The Growth of Biological Thought. Diversity, Evolution, and Inheritance.* Cambridge, MA: Belknap Press.

McGrath, R. (1999). Falling forward: Real options reasoning and entrepreneurial failure. *Academy of Management Review*, 22: 974–996.

Merton, Robert K. (1968). The Matthew effect in science. *Science*, 159: 56–63.

Mezias, J. M., and W. H. Starbuck (2003). Studying the accuracy of managers' perceptions: A research odyssey. *British Journal of Management* 14: 2–17.

Milan, L., and M. P. Kriger (1998). Making sense of managerial wisdom. *Journal of Management Inquiry*, 7: 242–251.

Milgrom, P., and J. Roberts (1992). *Economics, Organization and Management.* Englewood Cliffs, NJ: Prentice-Hall.

Mill, J. S. ([1861] 1962). *Considerations on Representative Government.* South Bend, IN: Gateway Editions.

Miller, D. (1994). What happens after success: The perils of excellence. *Journal of Management Studies*, 31: 325–358.

Miller, N. E., and J. Dollard (1941). *Social Learning and Imitation.* New Haven, CT: Yale University Press.

Miner, A. S., P. R. Haunschild, and A. Schwab (2003). Experience and convergence: Curiosities and speculation. *Industrial and Corporate Change*, 12: 789-813.

Minsky, M. (1963). Steps toward artificial intelligence. In E. A. Feigenbaum and J. Feldman, eds., *Computers and Thought.* New York, NY: McGraw-Hill, pp. 406-450.

Mirowski, P. (1989). *More Heat Than Light: Economics as Social Physics, Physics as Nature's Economics.* Cambridge, UK: Cambridge University Press.

Mohr, L. B. (1985). The reliability of the case study as a source of information. In R. E Coulam and R. A. Smith, eds., *Advances in Information Processing in Organizations.* Vol 2. Greenwich, CT: JAI Press, pp. 65-94.

Mowrer, R. R., and S. B. Klein, eds. (2001). *Handbook of Contemporary Learning Theories.* Mahwah, NJ: Erlbaum.

Nehaniv, C. L., and K. Dautenhahn, eds. (2007). *Imitation and Social Learning in Robots, Humans, and Animals: Behavioural, Social, and Communicative Dimensions.* Cambridge, UK: Cambridge University Press.

Nelson, R., and S. G. Winter (1982). *An Evolutionary Theory of Economic Change.* Cambridge, MA.: Harvard University Press.

—— (2002). Evolutionary theorizing in economics. *Journal of Economic Literature*, 16 (2): 23-46.

Newell, S., J. Swan, and K. Kautz (2001). The role of

funding bodies in the creation and diffusion of management fads and fashions. *Organization*, 8: 97-120.

Nickerson, R. S. (1998). Confirmation bias: A ubiquitous phenomenon in many guises. *Review of General Psychology*, 2: 175-220.

Nietzsche, E W. (1957). *The Use and Abuse of History*. Trans. A. Collins. Indianapolis, IN: Bobbs-Merrill.

—— (1997). *Human, All Too Human*. Stanford, CA: Stanford University Press.

Nohria, N., and R. Gulati (1996). Is slack good or bad for innovation? *Academy of Management Journal*, 39: 1245-1264.

Nonaka, I., and H. Takeuchi (1995). *The Knowledge-Creating Company*. New York, NY: Oxford University Press.

Nooteboom, B. (2000). *Learning and Innovation in Organizations and Economies*. Oxford, UK: Oxford University Press.

Nooteboom, B., and E. Stam, eds. (2008). *Micro-foundations for Innovation Policy*. Chicago, IL: University of Chicago Press.

North, D. C. (1990). *Institutions, Institutional Change and Economic Performance*. Cambridge, MA: Harvard University Press.

Oberoi, H. (1994). *The Construction of Religious Boundaries: Culture, Identity, and Diversity in the Sikh Tradition*. Chicago, IL: University of Chicago Press.

Obstfeld, D. (2005). Social networks, the tertius iungens orientation, and involvement in innovation. *Administrative Science Quarterly*, 50: 100-130.

O'Connor, E. S. (2008). Exploration in organizations through literature: An introductory essay. In J. G. March, *Explorations in Organizations*. Stanford, CA: Stanford University Press, pp. 413-433.

Olsen, J. P. (2009). Change and continuity: An institutional approach to institutions of democratic government. *European Political Science Review*, 1: 3-32.

Olsen, J. P., and B. G. Peters (1996). *Lessons from Experience: Experiential Learning in Administrative Reforms in Eight Democracies*. Oslo, Nor.: Scandinavian University Press.

Padgett, J. F., and C. K. Ansell (1993). Robust action and the rise of the Medici, 1400-1434. *American Journal of Sociology*, 98: 1250-1310.

Padgett, J. F., D. Lee, and N. Collier (2003). Economic production as chemistry. *Industrial and Corporate Change*, 12: 843-878.

Padgett, J. F., and P. D. McLean (2006). Organizational invention and elite transformation: The birth of partnership systems in renaissance Florence. *American Journal of Sociology*, 111:

1463-1568.

Page, S. E. (2007). *The Difference: How the Power of Diversity Creates Better Groups, Firms, Schools, and Societies.* Princeton, NJ: Princeton University Press.

Payne, J. W., J. R. Bettman, and E. J. Johnson (1993). *The Adaptive Decision Maker.* New York, NY: Cambridge University Press.

Payne, J. W., D. J. Laughhann, and R. L. Crum (1980). Translation of gambles and aspiration level effects in risky choice behavior. *Management Science,* 26: 1039-1060.

—— (1981), Further tests of aspiration level effects in risky choice behavior. *Management Science,* 27: 953-958.

Pentland, B. T. (1995). Grammatical models of organizational processes. *Organization Science,* 6: 541-556.

Pentland, B. T., and H. H. Rueter (1994). Organizational routines as grammars of action. *Administrative Science Quarterly,* 39: 484-510.

Perrow, C. (1984). *Normal Accidents.* New York, NY: Basic Books.

Pfeffer, J., and R. I. Sutton (2006). *Hard Facts, Dangerous HalfTruths, and Total Nonsense: Profiting from Evidence-Based Management.* Boston, MA: Harvard Business School Press.

Pisano, G. P., M. J. Bohmer, and A. C. Edmondson (2001). Organizational differences in rates of learning: Evidence from the adoption of minimally invasive cardiac surgery. *Management Science*, 47: 752-768.

Podolny, J. M., T. E. Stuart, and M. T. Hannan (1996). Networks, knowledge, and niches: Competition in the worldwide semiconductor industry, 1984 - 1991. *American Journal of Sociology*, 102: 659-689.

Polanyi, M. (1963). The potential theory of adsorption: Authority in science has its uses and its dangers. *Science*, 141: 1010-1013.

Polkinghorne, D. (1988). *Narrative Knowing and the Human Sciences*. Albany, NY: State University of New York Press.

Potvin, C., M. Kraenzel, and G. Seutin, eds. (2001). *Protecting Biological Diversity: Roles and Responsibilities*. McGill-Queens University Press.

Powell, W. W., K. W. Koput, and L. Smith-Doerr (1996). Interorganizational collaboration and the locus of innovation: Networks of learning in biotechnology. *Administrative Science Quarterly*, 41: 116-146.

Purdy, J., and B. Gray (2009). Conflicting logics, mechanisms of diffusion, and multilevel dynamics in emerging institutional fields. *Academy of Management Journal*, 52: 355-380.

Raiffa, H. (1968). *Decision Analysis*. Reading, MA: Addison-Wesley.

Rao, H., C. Morrill, and M. N. Zald (2000). Power plays: How social movements and collective action create new organizational forms. In R. I. Sutton and B. M. Staw, eds., *Research in Organizational Behavior*. Vol. 22. Greenwich, CT: JAI Press, pp. 239-282.

Reagans, R., L. Argote, and D. Brooks (2005). Individual experience and experience working together. *Management Science*, 51: 869-881.

Reich, R. B. (1985). The executive's new clothes. *New Republic*, May 13, 1985, pp. 23-28.

Reinganum, J. F. (1989). The timing of innovation: Research, development, and diffusion. In R. Schmalensee and R. D. Willig, eds., *Handbook of Industrial Organization*. New York, NY: NorthHolland, pp. 849-908.

Ricoeur, P. (1965). *History and Truth*. Evanston, IL: Northwestern University Press.

Riveline, C. (2008). Zones aveugles. *Le Journal de l'École de Paris du Management*, 74: 7.

Rodan, S. (2008). Organizational learning: Effects of (network) structure and (individual) strategy. *Computational and Mathematical Organization Theory*, 14: 222–247.

Rodan, S., and C. Galunic (2004). More than network structure: How knowledge heterogeneity influences managerial performance and innovativeness. *Strategic Management Journal*, 25: 541–556.

Roethlisberger, E J., and W. J. Dickson (1939). *Management and the Worker.* Cambridge, MA: Harvard University Press.

Romano, R. (2002). *The Advantages of Competitive Federalism for Securities Regulation.* Washington, DC: American Enterprise Institute Press.

Romer, P. (1994). Economic growth and investment in children. *Daedalus*, 123: 141–154.

Said, E. W. (1978). *Orientalism.* New York, NY: Vintage.

Sarbin, T. R. (1986). *Narrative Psychology: The Storied Nature of Human Conduct.* New York, NY: Praeger.

Sauer, B. A. (2003). *The Rhetoric of Risk: Technical Documentation in Hazardous Environments.* Mahwah, NJ: Erlbaum.

Schelling, T. C. (1971). Dynamic models of segregation. *Journal of Mathematical Sociology*, 1: 143–186.

—— (1978). *Micromotives and Macrobehavior.* New York, NY: Norton.

Schumpeter, J. A. (1934). *The Theory of Economic Development. An Inquiry into Profits, Capital, Credit, Interest, and the Business Cycle.* Cambridge, MA: Harvard University Press.

Schütz, A. (1967). *The Phenomenology of the Social World.* Evanston, IL: Northwestern University Press.

Scott, W. R. (1981). *Organizations-Rational, Natural and Open Systems.* Englewood Cliffs, NJ: Prentice Hall.

—— (2003). Institutional carriers: Reviewing modes of transporting ideas over time and space and considering their consequences. *Industrial and Corporate Change*, 12: 879–894.

Scott, W. R., and J. W. Meyer, eds., 1983. *Institutional Environments and Organizations: Structural Complexity and Individualism.* Thousand Oaks, CA: Sage.

Selten, R. (1991). Evolution, learning and economic behavior. *Games and Economic Behavior*, 3: 3–24.

Selznick, P. (1949). *TVA and the Grass Roots.* Berkeley, CA: University of California Press.

Senge, P. (1990). *The Fifth Discipline: The Art and Practice of the Learning Organization.* New York, NY: Random House.

Shklar, J. N. (1990). *The Faces of Injustice.* New Haven, CT: Yale University Press.

Simonton, D. K. (1995). Creativity as heroic: Risk, failure, and acclaim. In C. M. Ford and D. A. Gioia, eds., *Creative Action in Organizations*. Newbury Park, CA: Sage, pp. 88-93.

—— (1999). *Origins of Genius: Darwinian Perspectives on Creativity*. New York, NY: Oxford University Press.

Singh, J. V., D. J. Tucker, and R. J. House (1986). Organizational legitimacy and the liability of newness. *Administrative Science Quarterly*, 31: 171-193.

Sitkin, S. B. (1992). Learning through failure: The strategy of small losses. *Research in Organizational Behavior*, 14: 231-266.

Snow, C. P. (1959). *The Two Cultures and the Scientific Revolution*. New York, NY: Cambridge University Press.

Spergel, I. (1964). *Racketville, Slumtown, Haulberg: An Exploratory Study of Delinquent Subcultures*. Chicago, IL: University of Chicago Press.

Starbuck, W. H., M. L. Barnett, and P. Baumard (2008). Payoffs and pitfalls of strategic learning. *Journal of Economic Behavior and Organizations*, 66: 7-21.

Starbuck, W. H., A. Greve, and B. L. T. Hedberg (1978). Responding to crises. *Journal of Business Administration*, 9: 111-137.

Starbuck, W. H., and B. L. T. Hedberg (2001). How organizations learn from success and failure. In M. Dierkes, A. Berthoin

Antal, J. Child, and I. Nonaka, eds., *Handbook of Organizational Learning and Knowledge*. Oxford, UK: Oxford University Press, pp. 327-350.

Staw, B. M. (1975). Attribution of the "causes" of performance: An alternative interpretation of cross-sectional research on organizations. *Organizational Behavior and Human Performance*, 13: 414-432.

Sternberg, R. J., and R. K. Wagner, eds. (1986). *Practical Intelligence: Nature and Origins of Competence in the Everyday World*. New York, NY: Cambridge University Press.

Strang, D., and M. W. Macy (2001). In search of excellence: Fads, success stories, and adaptive emulation. *American Journal of Sociology*, 107: 147-182.

Strang, D, and S. A. Soule (1998). Diffusion in organizations and social movements: From hybrid corn to poison pills. *Annual Review of Sociology*, 24: 265-290.

Sturluson, Snorri (1984). *From the Sagas of the Norse Kings*. Oslo, Nor.: Dreyers Forlag.

Sutton, R. I. (2002). *Weird Ideas That Work*. New York, NY: Free Press.

Svejenova, S., C. Mazza, and M. Planellas (2007). Cooking up change in haute cuisine: Ferran Adrià as an institutional entrepreneur. *Journal of Organizational Behavior*, 28: 539–561.

Tamuz, M. (1988). Monitoring dangers in the air: Studies in ambiguity and Information. Ph. D. diss., Stanford University.

Taubman, P. (2007). Failure to launch: In death of spy satellite program, lofty plans and unrealistic bids. *New York Times*, November 11, 2007.

Tetlock, P. E. (1992). The impact of accountability on judgment and choice: Toward a social contingency model. *Advances in Experimental Social Psychology*, 25: 331–376.

—— (1999). Theory-driven reasoning about possible pasts and probable futures: Are we prisoners of our preconceptions? *American Journal of Political Science*, 43: 335–366.

Thaler, R. H. (1988). Anomalies: The winner's curse. *Journal of Economic Perspectives*, 2: 191–202.

Uzzi, B. (1996). The sources and consequences of embeddedness for the economic performance of organizations: The network effect. *American Sociological Review*, 61: 674–698.

Van de Ven, A. H. (1999). *The Innovation Journey*. New York, NY: Oxford University Press.

Van Maanen, J. (1988). *Tales of the Field*. Chicago, IL: University of Chicago Press.

—— (1995). *Representation in Ethnography*. Thousand Oaks,

CA: Sage.

Vico, G. ([1725] 1961). *The New Science of Giambattista Vico.* Garden City, NY: Doubleday.

Volden, C., M. M. Ting, and D. P. Carpenter (2008). A formal model of learning and policy diffusion. *American Political Science Review*, 102: 319–332.

von Neumann, J., and O. Morgenstern (1944). *The Theory of Games and Economic Behavior.* Princeton, NJ: Princeton University Press.

Vygotsky, L. S. ([1962] 1986). *Thought and Language.* Cambridge, MA: MIT Press.

Walker, C. R., and R. H. Guest (1952). *The Man on the Assembly Line. Cambridge*, MA: Harvard University Press.

Weick, K. E. (1995). *Sensemaking in Organizations.* Thousand Oaks, CA: Sage.

—— (1996). Drop your tools: An allegory for organizational studies. *Administrative Science Quarterly*, 41: 301–313.

Weitzman, M. L. (1998). Recombinant growth. *Quarterly Journal of Economics*, 113: 331–360.

Wells, D., A. J. Donnell, A. Thomas, M. S. Mills, M. Miller (2006). Creative deviance: A study of the relationship between creative behaviour and the social construct of deviance. *College Student*

Journal, 40: 74-77.

Westerlund, G., and S. -E. Sjøstrand (1979). *Organizational Myths*. New York, NY: Harper and Row.

White, H. (1987). *Tropics of Discourse: Essays in Cultural Criticism. Baltimore*, MD: Johns Hopkins University Press.

White, H. C. (1970). *Chains of Opportunity*. Cambridge, MA: Harvard University Press.

Whyte, W. E (1943). *Street Corner Society*. Chicago, IL: University of Chicago Press.

Williamson, Oliver E. (1975). *Markets and Hierarchy: Analysis and Antitrust Implications*. New York, NY: Free Press.

Wilson, R. (1977). A bidding model of perfect competition. *Review of Economic Studies*, 44: 511-518.

Winter, S. G. (1964). Economic "natural selection" and the theory of the firm. *Yale Economic Essays*, 4: 225-272.

—— (1971). Satisficing, selection and the innovating remnant. *Quarterly Journal of Economics*, 85: 237-261.

—— (1987). Knowledge and competence as strategic assets. In D. J. Teece, ed., *The Competitive Challenge: Strategies for Industrial Innovation and Renewal*. New York, NY: Harper and Row, pp. 159-184.

—— (2009). The replication perspective on productive knowledge. Unpublished ms.

Winter, S. G., G. Cattani, and A. Dorsch (2007). The value of moderate obsession: Insights from a new model of organizational search. *Organization Science*, 18: 403–419.

Witt, U. (2003). *The Evolving Economy: Essays on the Evolutionary Approach to Economics.* Cheltenham, UK: Edward Elgar.

Zaleznick, A. (1989). The mythological structure and its impact. *Human Resource Management*, 28: 267–278.

Zbaracki, M. J. (1998). The rhetoric and reality of total quality management. *Administrative Science Quarterly*, 43: 602–636.

Zollo, M., and S. G. Winter (2002). Deliberate learning and the evolution of dynamic capabilities. *Organization Science*, 13: 339–351.

Zucker, L. G. (1987). Institutional theories of organizations. *Annual Review of Sociology*, 13: 443–464.